G

©

GÉOGRAPHIE GÉNÉRALE

PHYSIQUE, POLITIQUE ET HISTORIQUE

DE

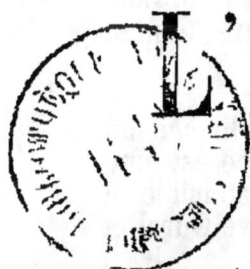

L'EUROPE

RÉDIGÉE

CONFORMÉMENT AUX PROGRAMMES DE 1872

POUR LES CLASSES

DE CINQUIÈME ET DE MATHÉMATIQUES

PRÉPARATOIRES

PREMIERE ÉDITION

IMPRIMERIE EMILE DELVAL.

SAINT-DENIS (RÉUNION).

1874.

GÉOGRAPHIE DE L'EUROPE.

GÉOGRAPHIE PHYSIQUE.

CHAPITRE I.

SITUATION ET CONFIGURATION; LIMITES ET DIMEN-
SIONS; MERS, GOLFES, DÉTROITS, ILES, PRESQU'ILES,
CAPS, CÔTES.

Situation et configuration. — Placée au
Nord-Ouest de l'ancien continent, l'Europe est une
grande presqu'île de forme irrégulière, rattachée à
l'Asie par le territoire des Monts et du fleuve Oural et
par l'Isthme du Caucase.

Limites. — Elle est bornée: au Nord, par l'*Océan
glacial Arctique*; à l'Ouest, par l'*Océan Atlantique*; au
Sud, par le *Détroit de Gibraltar*, la *mer Méditerranée*,
l'*Archipel*, le *Détroit des Dardanelles*, la *mer de Marmara*, le *Canal de Constantinople*, la *mer Noire* et le
Mont Caucase; à l'Est, par la *mer Caspienne*, le *fleuve et les Monts Ourals*, et la *Rivière de Kara*.

Dimensions. — Ses dimensions extrêmes sont
de 5,400 kilomètres du cap *St-Vincent* à la *Kara*, et
de 4,000 kilomètres, du cap *Nord* au cap *Matapan*.

Mers. — Les grandes mers déjà citées forment
sur les côtes de l'Europe des mers secondaires : la
mer de Kara et la *mer Blanche*, dans l'Océan glacial
Arctique; la *mer Baltique*, la *mer du Nord*, la *Manche*,
la *mer d'Irlande*, la *mer de France*, appelée aussi
golfe de Gascogne ou *mer de Biscaye*, dans l'Océan
Atlantique; la *mer Tyrrhénienne*, la *mer Ionienne*, la
mer Adriatique, la *mer de Candie*, l'*Archipel*, la *mer
de Marmara*, la *mer Noire* et la *mer d'Azof*, formées
par la Méditerranée.

Golfes. — On remarque, dans l'Océan glacial, le
golfe de *Waranger*; dans la mer Baltique, les golfes
de *Bothnie*, de *Finlande*, de *Livonie* ou de *Riga*, et celui
de *Dantzig*; le *Zuyderzée*, dans la mer du Nord; le canal de *Bristol*, au Sud-Ouest de la Grande Bretagne;
les golfes de *Valence*, du *Lion* et de *Gênes*, dans la Mé-

diterranée ; de *Naples* , dans la mer Tyrrhénienne ; ceux de *Tarente* et de *Lépante*, dans la mer Ionienne ; de *Venise* et de *Trieste*, dans l'Adriatique; et de *Salonique*, dans l'Archipel. Quant à la mer Caspienne, elle n'a que de petits golfes.

Détroits. — Les détroits sont : le détroit de *Waïgats*, dans l'Océan glacial du Nord; le *Skager-Rack* et le *Cattégat*, entre le Jutland et la presqu'île Scandinave; le *Sund*, entre la Norwège et l'île de Sééland; le *grand Belt*, entre les îles Sééland et Fionie ; le *petit Belt*, entre l'île Fionie et le Jutland ; le *Pa-sde Calais*, entre la France et l'Angleterre; le *Canal du Nord* et le *Canal St-Georges*, entre l'Angleterre et l'Irlande; le *détroit de Gibraltar*, qui unit l'Atlantique à la Méditerranée; les *Bouches de Bonifacio*, entre la Corse et la Sardaigne; le *Phare de Messine*, entre la Sicile et l'Italie; le *Canal d'Otrante*, qui joint la mer Ionienne à la mer Adriatique; le *détroit des Dardanelles* et le *Canal de Constantinople*, entre la Turquie d'Europe et la Turquie d'Asie; et le *détroit d'Iénikalé*, qui fait communiquer la mer d'Azof avec la mer Noire.

Côtes. — Les côtes de l'Europe sont très-irrégulières et forment beaucoup d'îles et de presqu'îles.

Iles. — Parmi les Iles, il faut citer : la *Nouvelle Zemble*, l'*Ile Waïgats* et le *Spitzberg*, dans l'Océan glacial Arctique; les Iles *Lofoden* et *Tromsen*, sur les côtes de la Norwège; *Sééland, Fionie, Bornholm, OEland, Gothland, Dago, OEsel*, dans la mer Baltique ; les Iles *Britanniques* (Grande-Bretagne et Irlande), l'*Islande*, les Iles *Féroë, Shetland, Hébrides, Orcades* , *Scilly* ou *Sorlingues*, les Iles de *Ré* et d'*Oléron*, dans l'Océan Atlantique; *Man* et *Anglesey* dans la mer d'Irlande ; *Wight, Aurigny, Jersey, Guernesey* , dans la Manche ; les Iles *Baléares* (Majorque , Minorque , Iviça et Formentera), la *Corse*, la *Sardaigne*, dans la Méditerranée ; l'Ile d'*Elbe*, les Iles *Lipari* et de *Sicile*, dans la mer Tyrrhénienne ; les Iles *Illyriennes*, dans la mer Adriatique ; les Iles *Ioniennes* (Corfou , Ste-Maure , Théaki, Céphalonie, Zante, Cérigo), dans la mer Ionienne ; *Candie* , dans la mer de même nom; *Négrepont* , les *Cyclades* , les *Sporades* et les Iles *Imbro* , *Lemno* et *Samothraki*, dans l'Archipel. ·

Presqu'îles. — Il y a en Europe 6 presqu'îles

principales, dont 3 grandes et 3 petites. Les 3 grandes sont: la presqu'île *Scandinave* (Suède et Norwège), la presqu'île *Ibérique* (Espagne et Portugal), et l'*Italie*; les 3 petites sont : le *Jutland*, la *Morée* et la *Crimée*.

Isthmes. — Les deux Isthmes principaux sont : l'Isthme de *Corinthe* qui joint la Morée au Continent, et l'Isthme de *Pérécop* qui rattache la Crimée à la Russie.

Caps. —Dans l'Océan glacial arctique, on trouve: le cap *Nord*, dans une des îles Lofoden, et le cap *Nord-Kyn* dans la presqu'île Scandinave ; le cap *Land's End* au S.-O. de l'Angleterre ; le cap *Clear* en Irlande; le cap *Corsen*, dans le département du Finisterre; le cap *Finisterre* en Espagne; le cap *St-Vincent* en Portugal ; les caps *Trafalgar*, *Tarifa*, *Palos*, en Espagne; le cap *Corse*, dans l'Ile de Corse ; le cap *Passaro* en Sicile ; les caps *Spartivento* et *Leuca* en Italie, et le cap *Matapan* au Sud de la Morée.

CHAPITRE II.

RELIEF DU SOL.

Chaîne des Alpes, divisions, ramifications, sommets, vallées, cols, routes et chemins de fer.—Apennins.Montagnes de Sicile. Volcans.—Chaînes, massifs et plateaux de la péninsule hellénique. — Carpathes ; Massif du Tatra. Chaînes et plateaux de la Bohême. — Chaînes, plateaux et plaines de l'Allemagne.— Jura et système Cévenno-Vosgien. — Pyrénées : ports et cols , cirques, gaves; monts de Galice ; plateaux de Castille et terrasses qui les bordent ; sierra Nevada.—Montagnes de l'Angleterre, du pays de Galles et de l'Ecosse. Collines et plaines de l'Irlande. — Alpes scandinaves.— Volcans et Geysers de l'Islande.— Chaînes de l'Oural et du Caucase ; plateau du Valdaï. Plaines et steppes de la Russie ; dépression des bords de la Caspienne.

C'est surtout au Sud que l'Europe a éprouvé l'exhaussement le plus sensible; c'est là que nous trouvons les chaînes de montages les plus hautes, les plateaux les plus élevés, et les côtes escarpées, tandis que le Nord et l'Est s'étendent en vastes plaines qui, du côté de la mer Caspienne, sont jusqu'à 25 et 30 mètres plus basses que le niveau de l'Océan. Excepté le *mont Hécla* en Islande, c'est aussi dans la partie méridionale de l'Europe que l'on trouve les volcans en activité : le *Stromboli*, le *Vésuve*, l'*Etna* ; dans l'Archipel, les îles *Santorin* et quelques îlots du voisinage sont encore le résultat d'un soulèvement volcanique.

Chaîne des Alpes. — Les montagnes les plus importantes de l'Europe sont, sans contredit, la *chaîne des Alpes*. Elle forme un vaste demi-cercle et sépare l'Italie septentrionale de la France, de la Suisse, de l'Allemagne et de l'Autriche ; elle commence au col de Cadibone pour finir au Tchar-Dagh d'où partent les *Balkans* et la *chaîne Hellénique*. Son développement est de 1800 kilomètres.

Les Alpes prennent le nom d'*Alpes Occidentales*, du col de Cadibone au mont Blanc ; d'*Alpes Centrales*, du mont Blanc au pic des Trois-Seigneurs ; d'*Alpes Orientales*, entre ce dernier pic et le Tchar-Dagh.

Les Alpes Occidentales se divisent en *Alpes maritimes*, du col de Cadibone au mont Viso ; *Alpes Cottiennes*, du mont Viso au mont Cenis ; *Alpes Grées*, du mont Cenis au mont Blanc (4810 m.)

Les Alpes Centrales ont trois divisions : les *Alpes Pennines*, jusqu'au mont St-Gothard ; les *Alpes Lépontiennes*, du mont St-Gothard au mont Maloïa ; les *Alpes Rhétiques*, du mont Maloïa au pic des Trois Seigneurs.

Les Alpes Orientales prennent aussi trois noms particuliers : les *Alpes Carniques*, jusqu'au mont Terglou; les *Alpes Juliennes*, du mont Terglou au Schneeberg; les *Alpes Dinariques*, du Schneeberg au Tchar-Dagh.

Outre ceux déjà cités, les principaux sommets sont : dans les Alpes maritimes, l'*Enchastraye* ; dans les Alpes Cottiennes, les *monts Genèvre* et *Tabor*; dans les Alpes Grées, le *petit St-Bernard* ; dans les Alpes Pennines, le *grand St-Bernard*, (3375 m.); le *mont Rosa* (4636 m.); le *Simplon*, le *mont Combin* et le *mont Cervin* (4000 m.); dans les Alpes Lépontiennes, le *St-Gothard* et le *Bernardino* ; dans les Alpes Rhétique, le *mont Vénédiger*, le groupe de *Bernina* et le *Wildspitze*; et dans les Alpes Dinariques, le *mont Kom*

Des Alpes se détachent, dans la direction de l'O., du N., et du N.-E., un grand nombre de branches ; trois d'entre elles s'avancent dans le S.-E. de la France, ce sont: les *Alpes de Provence*, les *Alpes du Dauphiné* surmontés de massifs neigeux et revêtus de glaciers comme le *Grand Pelvoux* (3938 m.), le *mont Olan*, les pics *d'Arsine* et des *Ecrins* (4103 m.), et les *Alpes de Savoie* terminées par les montagnes de la *Grande Chartreuse*.

Une autre chaîne, partie du *Mont Blanc*, forme la frontière entre la Suisse et la France, et se dirige vers le lac de Genève ; ce sont les *Alpes Franco Suisses* dont la *Dent du Midi* est un des points culminants.

Le St-Gothard est le nœud le plus remarquable des Alpes, et c'est de là que se détachent le plus de branches et que les eaux se rendent dans les directions les plus diverses. C'est à ce point, en effet, que prennent naissance le *Rhône*, le *Tessin*, le *Rhin*, la *Reuss*, l'*Aar* et l'*Inn*.

Du St-Gothard partent trois branches principales :

1° les *Alpes Bernoises* avec les massifs du *Galenstock*, du *Finster-Aarhorn* (4360m), du *Mœnch* (4200m), de la *Jungfrau* (4070m) et le *Diablerets*. Les glaciers les plus étendus couvrent cette partie des Alpes ;

2° Les Alpes d'*Unterwalden* ;

3° celles d'*Uri et de Schwitz* dont fait partie le *Mont Tœdi*.

Les Alpes Rhétiques envoient au Nord: les *Alpes Grises* avec les Monts *Sculetta* et *Selvretta*, entre le Rhin et l'Inn ; les Alpes du *Vorarlberg* ou d'*Algau* qui se continuent sous le nom d'*Alpes Algaviennes* et d'*Alpes Bavaroises* ; au *Mont Selvretta* se rattache le rameau du *Rhæticon* ; — au Sud, elles envoient les Alpes de l'*Ortles*, et de l'*Adamello* dont se séparent à l'Ouest les *Alpes du Bergamasque* ou de la *Valteline*.

Du pic des *Trois-Seigneurs*, dans les Alpes Rhétiques, se détachent encore deux grandes chaînes secondaires: 1° Les *Alpes de Salzbourg*; 2° les *Alpes Noriques* jusqu'au Mont *Elend*, très-âpres, couvertes de glaces éternelles et dont le point culminant est le *Gross Glockner* (3894m) ; à partir du *Mont Elend*, cette chaîne prend d'une part le nom d'*Alpes Styriennes*, et de la *basse Autriche*, et se termine par le *Kahlenberg* près de Vienne ; et, de l'autre , s'appelle *Bakony-Wald* à partir du *Semering*.

Les Alpes Carniques projettent : les *Alpes Cadoriques* , entre les sources de l'Eisach et de la Save ; et les *Alpes de Karawanka* entre la Drave et la Save.

Enfin, aux Alpes Juliennes se rattache l'âpre plateau de *Carso*.

Sur une étendue assez considérable, les Alpes font partie de la chaîne de partage des eaux de l'Europe ; ce sont : les Alpes Bernoises, les Alpes Lépontiennes ou centrales, les Alpes Grises, du Vorarlberg et les Alpes Algaviennes reliées au reste de l'arête par les Alpes de Constance.

Plusieurs vallées arrosées de cours d'eau, sont formées par les Alpes et leurs ramifications. Citons, dans le Versant du Nord et du Nord-Ouest, celles du *Rhin*, de l'*Aar*, et de la *Reuss* ; dans le versant du Sud et du Sud-Ouest, celles du *Rhône*, de l'*Isère*, de la *Durance*, du *Pô*, de l'*Adige*, de l'*Adda*, du *Tessin*, de l'*Isar*, de l'*Inn*, de la *Drave* et de la *Save*.

Un certain nombre de lacs se trouvent au pied des Alpes : le lac *Boden* terminé à l'Ouest par ceux d'*Uberlingen* et de *Zell*, traversés par le *Rhin* et dont la réunion forme le lac de *Constance* ; le lac de *Genève*, traversé par le *Rhône* ; le lac *Majeur*, où tombe le *Tessin*; le lac *Lugano*; le lac de *Côme*, qui reçoit la Maira et l'Adda ; le lac d'*Iséo* traversé par l'Oglio ; le lac d'*Idro*, traversé par la Chièse , et le lac de *Garde*, par le Mincio.

Cols , routes et chemins de fer. — Les cols les plus remarquables de la chaîne principale, sont :

1° Dans les Alpes maritimes, le col d'*Altare* ou de *Cadibone* par où passe la route de la Corniche ; le col de *Nava*, avec la route d'Albenga à Orméa; les cols de *St Bernardo*, et du *Tende*; le col d'*Argentières* avec la route de Barcelonette à Coni, et le col d'*Agnello*, traversé par la route de Queyras à Château-Dauphin.

2° Dans les Alpes Cottiennes et Grées : le col d'*Abriès* que traverse la route de mont Dauphin à Pignerol, le col du *Mont-Genèvre*, le col du *mont Cenis* par où passe une magnifique chaussée construite par Napoléon 1ᵉʳ, traversé depuis le 17 septembre 1871 par un chemin de fer souterrain réunissant la France à l'Italie ; le col du *petit St-Bernard*, avec la route de Moutiers à Aoste ; et le col de l'*Allée Blanche*, sur le chemin de Beaufort à Aoste.

3º Dans les Alpes Pennines : le col du *grand St-Bernard* franchi en 1800 par une armée française sous la conduite du général Bonaparte; le col du *Simplon*, avec une route construite sous le consulat et l'empire (1801-1807).

4º Dans les Alpes Centrales ou Lépontiennes : le col du *St-Gothard* ; le col de *Luckmanier* où passe le chemin de fer de Coire à Bellinzona ; le col de *San-Bernardino*, avec les routes de Coire et de Splügen à Bellinzona ; le col de *Splügen*, à travers lequel on a pratiqué une belle route de Coire à Milan.

5º Dans les Alpes Rhétiques : le col de la *Maloïa* sur une route de Coire à Milan ; le col de *Stelvio* sur la route du Tyrol à la Valteline ; le col de *Brenner* traversé par les chemins de fer d'Inspruck à Trente.

6º Dans les Alpes Carniques, le col de *Tarvis* sur la route de Villach à Udine.

7º Enfin, dans les rameaux qui se détachent de la chaîne principale, citons : les gorges d'Ollioules avec la route de Toulon à Marseille dans les Alpes de Provence ; le col de *Lautaret* avec la route de Grenoble à Briançon, dans les Alpes de Dauphiné ; le col du *Bonhomme* dans les Alpes de Savoie, avec la route de Saint Gervais à Bourg-Saint-Maurice ; les cols de *Balme* et de la *Tête noire* dans les Alpes Franco-Suisses ; les cols de la *Dent de Jaman*, de *Gellenhorn*, de *Gemmi*, de *Grimsel* et de la *Furca*, dans les Alpes Bernoises ou Helvétiques ; le col de *Brunig* dans les Alpes d'Unterwalden, et celui de *Semering* avec le chemin de fer de Gratz à Vienne, dans les Alpes styriennes.

Particularités. — Le massif des Alpes comprend les plus majestueuses montagnes de l'Europe ; d'énormes glaciers, des masses de neige et de hauts rochers les surmontent et présentent les sites les plus variés et les paysages les plus grandioses. C'est en Suisse surtout que se trouvent les glaciers ; cette contrée en renferme plus de 600. Plusieurs d'entre eux se réunissent, recouvrent les sommets voisins les uns des autres et forment ainsi des *mers de glace*. Ils se meuvent dans le sens de leur pente et tendent ainsi à s'agrandir et à envahir les vallées jusqu'à une altitude de 1000 mètres ; lorsque l'inclinaison est forte, ils se détachent de leur base et font entendre un bruit considérable. Les principaux sont ceux d'*Aletsch* et de *Grindelwald*, dans les Alpes Bernoises ; le glacier du *Mont-Rosa*, la *mer de Glace*, le glacier des *Géants* et le glacier des *Bois* sur le mont Blanc.

La limite des Neiges perpétuelles est à environ 2,708 ou 2,900 mètres, suivant l'exposition. Souvent, en été, la chaleur du soleil fait fondre la surface des amas de neige situés sur les cimes les plus élevées. Ces amas mélangés de glace, se détachent et viennent ensevelir sous leurs décombres les voyageurs, les troupeaux et les habitants ; c'est ce que l'on nomme *avalanches*. La plus petite commotion détermine parfois leur chute. Pour en prévenir les effets, on a construit beaucoup de voûtes maçonnées et l'on a pratiqué dans le roc un grand nombre de cavités, où l'on peut chercher un refuge ; on a aussi planté des forêts et établi des bastions en pierre en avant des villages.

D'autres fois, des Alpes descendent des torrents furieux ; leur lit est tout-à-coup interrompu par des matières tombées du haut des montagnes, ils débordent, ravagent et entraînent tout sur leur passage.

Les Alpes, dont le climat est très-varié, peuvent se diviser en *sept régions* sous le rapport de la végétation :

Dans la première, jusqu'à 560 mètres au-dessus du niveau de la mer, on cultive la vigne, les figues et les amandes ; dans la deuxième, jusqu'à 935 mètres, poussent les chênes ; au-dessus, jusqu'à 1,350 mètres, commence la région des hêtres ; celle des sapins lui succède jusqu'à 1,835 mètres. Là, commencent les pâturages où paissent d'innombrables troupeaux de belles vaches, de bœufs, de moutons et de chèvres. A une hauteur de 2,185 mètres se trouve la *région Alpine supérieure* qui possède aussi des pâturages ; elle s'élève jusqu'à 2,735 mètres. Enfin, au-dessus est la *région des glaces et des neiges perpétuelles*. Ces deux dernières ont de même leur végétation, et elles produisent des saxifrages, des gentianes et des plantes hyperboréennes.

Les principaux animaux sont : la belette, la fouine, le putois, le furet, l'écureuil, le lynx, le lièvre blanc, la marmotte, le sanglier, l'ours, le chamois, le corbeau et le grand vautour des Alpes.

La partie occidentale des Alpes est de formation *granitique*, et la partie Orientale est particulièrement *calcaire*. On trouve dans ces montagnes: le porphyre, le marbre, le jaspe, l'albâtre, le fer, le cuivre, le zinc, le cobalt, le bismuth, l'arsenic, l'antimoine, le cristal de roche, le soufre, et un peu d'or. Plusieurs vallées renferment en abondance le lignite et la tourbe ; enfin les sources minérales y sont nombreuses.

APENNINS

Les *Apennins* sont une chaîne de montagnes bien inférieure à celle des Alpes dont ils sont la suite ; ils commencent au col d'Altare ou de Cadibone. Ils se dirigent d'abord vers l'Est, en formant un demi-cercle autour du golfe de Gênes ; de ce côté leur pente est abrupte, tandis que vers le Nord ils s'abaissent progressivement vers le Pô ; ils tournent ensuite du côté S.-E., traversent dans toute son étendue la Péninsule qu'ils partagent en deux bassins, et se divisent en deux branches qui vont se terminer l'une au cap Spartivento, l'autre au cap Leuca.

Plaines d'Italie. — Les Apennins enveloppent au Sud les vastes et fertiles plaines du Piémont, de la Lombardie, du Parmesan, du Modénais et de la Romagne, dans la vallée du Pô ; ils longent à l'O. celles des Marches et de la Pouille, et à l'E. celles de la Toscane et de la Campagne Romaine.

Ramifications. — Des Apennins se détachent six branches principales : le *Sub-Apennin Tarentin*, dans la terre d'Otrante; le *Sub-Apennin Toscan*, qui forme la ceinture occidentale du bassin du Tibre ; le *Sub-Apennin Romain*, formé de plateaux accidentés, nus et arrondis ; il se termine vers les marais Pontins ; le *Sub-Apennin Napolitain*, qui renferme les *plateaux du Sannio* et de *Bénévent* et vient finir à la presqu'île de Sorrente ; et le *Sub-Apennin Garganien*, qui s'avance jusqu'à l'Adriatique, à travers les plaines de la Capitanate.

Au milieu de la chîane est le *Plateau des Abruzzes*, pays âpre, composé de ravins escarpés et de vallées sauvages. C'est là que les Apennins ont leur plus grande largeur.

Sommets. — Les hauteurs principales sont : le *San Pélégrino* (1573 m.), le *mont Cimone* (2126 m.), le *mont Cornaro* (2092 m.), le *Vettore* (2478 m.), le *mont Corno* (2992 m.), le *mont Malese* (2000 m.), et *l'Aspromonte* en face de la Sicile.

Cols et routes. — D'importants passages traversés par des routes se trouvent dans les Apennins : 1° *le défilé de la Corniche*, le long du golfe de Gênes, avec une route et un chemin de fer ; 2° *le col de Bochetta*, traversé par la route de Gênes à Alexandrie ; 3° *le col de Giovi*, par où passe le chemin de fer de Gênes à Turin ; 4° *le col de Pontrémoli*, avec la route de Pontrémoli à Fornoue ; 5° *le col de Pietra Mala*, traversé par la route de Florence à Bologne ; 6° *le col de Fiorito*, passage de la route et du chemin de fer de Rome à Ancône ; 7° le défilé des *Fourches Caudines*, sur la route de Naples à Bénévent.

Constitution géologique. — Au Nord le sol de l'Apennin est généralement calcaire, et si ces montagnes renferment peu de métaux, elles possèdent de beaux marbres, tels que ceux de *Carrare* , de *Sienne* et de *Florence*. Au centre et au Sud, ils contiennent de nombreux volcans éteints, comme le *Solfatare*, et beaucoup de lacs sont d'anciens cratères. Le *Vésuve*, seul volcan en activité dans l'Italie, n'appartient pas à l'Apennin. C'est une masse isolée, formée par les matières vomies. Dans les îles voisines, l'action des feux souterrains est manifeste ; elle a produit l'*Etna*, le *Stromboli*, *Vulcano* et *Vulcanello*.

MONTAGNES DE LA SICILE

La Sicile est traversée, du Phare de Messine au cap Boéo, par une chaîne de montagnes qui semble être le prolongement des Apennins ; ce sont les *monts Neptuniens*, divisés en monts *Nebrodi* et *Mandonia*. On y distingue plusieurs sommets : le *Pizzo dell' Antenna*, et le *Pizzo di Case*. Quant à l'Etna, il n'appartient pas à la chaîne, il paraît s'être formé comme le

Vésuve de matières vomies. Du sommet de ce volcan (3313m) la vue embrasse presque toute la Sicile.

MONTAGNES DE LA SARDAIGNE

Aux montagnes de la Sicile et de l'Italie on peut ajouter celles de l'île de Sardaigne. La Sardaigne est une sorte de grand plateau dont les montagnes ne forment pas de chaîne régulière ; elle contient plusieurs sommets d'origine volcanique, dont le principal est le *Gennargentu* (1860m), vers le centre.

BALKANS

Le Tchar-Dagh est le point de départ de deux chaînes, l'une se dirigeant à l'E., *les Balkans* ; l'autre vers le sud, les *Alpes Helléniques*. Ces chaînes ont des ramifications nombreuses, et tantôt s'abaissent en terrasses, tantôt forment de larges plateaux, dont le plus remarquable, celui de *Mœsie*, occupe le milieu de la péninsule.

Ramifications — sommet principal. — La 1re de ces montagnes va de l'O. à l'E , et contient le défilé de la *Porte de Trajan* ; il s'en détache, au S., le *mont Strandja* et le *Despoto-Dagh* , au N , le *petit Balkan* et les *montagnes de Serbie* qui, avec les *Carpathes méridionales*, vont former le défilé des *Portes de fer*, traversé par le Danube. — Comme sommet principal, citons le *mont Rilo* (3000 m.)

Les montagnes de Turquie renferment des cols peu praticables, des défilés dangereux, des gorges sauvages et des routes mal entretenues.

CHAINE HELLÉNIQUE

Les *Alpes Helléniques* vont du N. au S. et se terminent aux caps Malio et Matapan. Les principales parties de ces montagnes sont : le *Pinde*, le *Liakoura* ou *Parnasse*, le *Zagora* ou *Hélicon*, l'*Elate* ou *Cithéron*, et en Morée le mont *Malevo* et les montagnes du *Magne* ou *Taygète*.

Ramifications, sommets. — A l'E., le mont *Lacha* ou *Olympe*, le *Rissovo* ou *Ossa*, le *Saromata* ou

Œta qui forme avec la mer le *défilé des Thermopyles*, et les *montagnes de l'Attique* dont fait partie le *mont Hymette* ; à l'O., les *monts de la Chimère* ou *Acrocérauniens*, et, au S.-O. de la Morée, le *mont Lycée* ou *Diaphorti*.

Le sommet le plus élevé est l'*Olympe* (2972 m.)

A ces montagnes joignons celles de l'île de Candie qu'une chaîne, renfermant beaucoup de grottes et de cavernes, parcourt de l'E. à l'O. Le point culminant est le *Psilority* (2500 m.), ancien Ida.

MONTS CARPATHES ET SUDÈTES

Les *Carpathes*, montagnes de l'empire Austro-hongrois, forment une vaste demi-circonférence dont la convexité regarde l'Est. Ils comprennent 4 parties : 1° *les Carpathes méridionales* ou *Alpes de Transylvanie*, allant de l'O. à l'E., des Portes de fer au mont Lukotz ; 2° *les Carpathes orientales* se dirigeant du S. au N. , du mont Lukotz au mont Beskid ; 3° *les Carpathes centrales* appartenant à la ligne de partage des eaux de l'Europe, renfermant le *massif du Tatra* et courant de l'E. à l'O. ; 4° *les Carpathes occidentales* ou *petites Carpathes*, s'étendant du N.-E. au S.-O., du mont Jablunka à la rive droite du Danube, en face de Presbourg.

Les *Sudètes*, montagnes assez élevées, boisées, semées de marécages et de landes jusqu'aux sources de l'Oppa, et faisant aussi partie de la grande arête de partage des eaux de l'Europe, font suite aux Carpathes.

Ramifications. — Les Carpathes se ramifient en tous sens ; les branches les plus remarquables sont: les *monts Matra*, les *monts Liptau*, le *mont Fatra*, et *les collines de Galicie*.

Principaux sommets. — Le *Lommitzer-Spitz*, le *Krivan*, le *mont Gerlsdorf* (2700 m.), dans le massif du Tatra ; les *monts Negoi*, *Bucsecs*, dans les Alpes de Transylvanie ; l'*Altvater* (1458 m) dans les Sudètes.

Vallées. — Les vallées les plus remarquables sont celles du *Danube* et de ses affluents : la *Morawa*, le *Gran*, la *Théiss* qui arrosent les plaines de la Hongrie; et celles de la *Vistule* et de l'*Oder*.

Cols et routes. Les cols de la chaîne des Carpathes sont généralement difficiles ; le plus connu est celui de la *Tour Rouge*, traversé par la route de Pesth à Bukharest par Temeswar.

Productions. — Aspect. — Les Carpathes, et principalement les Carpathes méridionales, jusqu'à une hauteur de 1200 et 1400 mètres, sont généralement couvertes de forêts où dominent le pin et le sapin. Elles possèdent aussi des pâturages, des vignobles, des mines d'or, d'argent, de fer, de cuivre, de plomb, de sel gemme, et des sources minérales ; le loup et l'ours y sont communs. Dans le massif du Tatra, elles ont tous les caractères des régions Alpestres ; elles renferment des sites pittoresques et sauvages, des torrents, des cascades, des neiges pendant huit mois de l'année, et des cîmes de granit dénudées.

MONTS DE BOHÊME

Ce plateau est formé par 4 chaînes de montagnes faisant suite à l'O. aux Sudètes : 1º les *monts des Géants*, au N.-O., renfermant le *Schneekoppe* (1650 m.) et projetant les *monts de Lusace* ; 2º les *monts de Moravie*, appartenant à la chaîne de partage des eaux ; 3º les *monts de la Forêt de Bohême* dont le point le plus élevé est *l'Arder* (1475 m.) ; 4º *l'Erz-Gebirge* dont le point culminant est le *Keilberg* (1250 m.)

Aspect. — L'Erz-Gebirge et les monts des Géants présentent un amas de hauteurs brisées ; les monts de Moravie sont formés de plateaux élevés ; les montagnes de Bohême sont généralement abruptes, crevassées, et couvertes de forêts.

MONTAGNES DE L'ALLEMAGNE

Du nœud formé par le Fichtel-Gebirge, des montagnes partent dans des directions différentes. Ce sont, d'un côté, le *Jura de Franconie*, entre le Main et le Danube, plateau élevé de 500 mètres environ et couvert de bois, de prairies et de champs cultivés. Il est suivi des *Alpes de Souabe*, entre le Danube et le Necker ; celles-ci forment un plateau aride, pierreux, et couvert de bruyères. Ces deux chaînes font partie de la grande arête européenne

La Forêt Noire, chaîne longue de 200 kilomètres et large d'environ 60, s'étend entre le Rhin, le Danube et le Necker , et fait suite aux Alpes de Souabe. Elles contiennent le sommet du *Feldberg* (1550 m.), les cols de *Sinzhem* et *Bruchsall* qui mènent de la vallée du Rhin à celle du Necker; le *val d'Enfer* qui conduit dans la vallée supérieure du Danube et se trouve sur la route de Fribourg en Brisgau à Schaffouse; les chemins de fer de Villingen à Offenbourg, et de Stuttgart à Carlsruhe, franchissent aussi cette chaîne. Les flancs de la Forêt-Noire sont couverts de pins et de sapins dans les parties les plus élevées ; dans les parties inférieures , on rencontre des prairies , des champs cultivés, de magnifiques vergers où pousse le merisier dont le fruit donne le kirschenwasser (kirsch). C'est aussi de ces montagnes que nous tirons les jouets d'enfants, les pendules sculptées et les boîtes à musique, charmants objets que l'habitant de ces contrées confectionne avec le moindre instrument tranchant et que le commerce répand ensuite au loin.

À la Forêt-Noire se rattache l'*Odenwald* , au N. du Necker ; c'est en quelque sorte le prolongement de la Forêt-Noire.

D'autre part, le Fichtel-Gebirge envoie encore d'autres ramifications, c'est le système Hercynien qui couvre une partie du pays situé entre le Rhin et le Main, l'Elbe et le Wéser. Ce sont, d'abord, le *Frankenwald*, la *forêt de Thuringe* continuée au N. O. par les *Monts du Wéser* qui se terminent au défilé bien connu des *Portes Westphaliennes*, et au N.-E. par le *Harz* coupé de profondes vallées, le pays de montagnes le plus septentrional de l'Allemagne.

Aux sources de la Werra, le Frankenwald envoie vers l'O. le *Rhœn*, petite chaîne sans importance ; le *Spessart*, le *Vogels-Gebirge*, le *Taunus* et le *Westerwald*, petit massif formé de plateaux ondulés.

Ces montagnes divisent l'Allemagne en deux contrées d'aspect tout différent : au S. du Rhœn et du Taunus, se trouve la haute Allemagne , série de plateaux situés au centre de l'Europe, dont les principaux sont : celui de *Bavière* formé par le Fichtel-Gebirge, les monts de Bohême et le Jura de Franconie, et celui de *Souabe* dans lequel entrent l'Odenwald, la Forêt noire, les Alpes de Souabe.

Au N.de ces plateaux s'étendent, jusqu'à la mer du Nord, les *vastes plaines* de la Basse-Allemagne et des Pays-Bas; c'est un pays triste, exposé aux vents froids et aux brouillards humides du Nord, uniforme, couvert de landes de sable et de tourbières, arrosé par des cours d'eau à pente peu sensible, larges, et inondant souvent leurs rives plates et marécageuses; souvent ils se terminent par de vastes estuaires, embarrassés d'îlots et de bancs de sable; souvent encore ils communiquent avec des marais, et dans ces régions l'homme est sans cesse obligé de lutter contre des difficultés de toutes sortes pour assurer son existence, et d'opposer à la mer de puissantes digues pour la contenir.

JURA

Le *Jura* est un système calcaire dirigé du S-O au N-E. dans une longueur de 280 kilomètres et sur une largeur de 60; il s'élève comme une série de plateaux disposés par étages, et supportant diverses séries de chaînons parallèles, entre lesquels se trouvent des vallées longitudinales appelées *Combes* ou *Cluses*. Il peut se diviser en 6 sections : 1° à l'E, le *Noirmont*, en Suisse, qui rattache cette chaîne aux Alpes; — 2° le *Jura Méridional*, du confluent du Rhône et du Guier au col de St Cergues, — 3° le *Jura Central*, du col de St-Cergues au plateau d'Etalières ; — 4° le *Jura Septentrional*, du col de St-Cergues à celui de Valdieu ; — 5° le *Jura Helvétique* ou *Lebergberg* qui se détache du Jura Septentrional et entre en Suisse ; —6° le *Jura Occidental* qui se détache du Jura Central et prend les noms de monts du *Bugey* et du *Revermont*.

Sommets. — Les principaux sommets sont : la *Dent de Vaulion*, le *Mont Tendre*, la *Dôle* (1681 m.), le *Colombey* (1689 m.), le *Grand-Credo* (1690 m.), le *Chasseron* (1610 m.) et le *mont Terrible*, vaste plateau accidenté et irrégulier (793 m.)

Cols. — Les gorges du Jura sont généralement assez étroites et faciles à défendre. Voici les principaux passages : le *col de Nantua*, le *col de Saint-Cergues*, le *col de Miécourt* et celui de *Valdieu*.

Les montagnes du Jura renferment d'assez grandes richesses minérales : du fer, des eaux sulfureuses, des salines, des marbres et de l'albâtre. C'est une région pittoresque avec des lacs, des cascades, et couverte d'excellents pâturages.

VOSGES

Les *collines de Belfort* et le *col de Valdieu* unissent le Jura au système *Cévenno-Vosgien*. Il comprend : les *Vosges* proprement dites, les *Monts Faucilles* et leurs ramifications, les *Monts des Cévennes* et les contreforts qui s'en détachent. Entre le système des Vosges et celui des Cévennes se trouvent le *Plateau de Langres* et la *Côte d'Or* qui les relient entre eux.

Les Vosges s'étendent du Sud au Nord, parallèlement au Rhin ; elles se partagent en *Vosges Méridionales*, *Vosges Centrales* et *Vosges Septentrionales*. Celles-ci se divisent en deux branches : au Nord, dans la Bavière, elles prennent le nom de *Hardt* et finissent au *Mont Tonnerre* ; au Nord-Ouest, elles se terminent par le *Hundsruck*.

Sommets. — Les sommets des Vosges sont généralement arrondis, aussi ont-ils reçu le nom de ballons ; ce sont : le *Ballon de Giromagny*, celui *d'Alsace*, le *Bœrenkopf* et le *Ballon de Guebwiller*.

Cols. — Divers cols s'ouvrent dans les Vosges et facilitent le passage de Lorraine en Alsace ; ceux du centre sont presque impraticables, mais ceux des Vosges méridionales sont tous accessibles ; ce sont le *col de Valdieu* ou *trouée de Belfort* ; celui de *Bussang*, celui du *Bonhomme*, ceux de *Sainte-Marie-aux-Mines*, de *Schirmeck* et de *Bitche*.

Les Vosges renferment des mines de fer et des sources minérales estimées, telles que celles de *Plombières*, *Contrexeville* et *Bourbonne-les-bains* ; les pentes de ces montagnes sont couvertes des ruines des vieux châteaux féodaux qui, avec les cascades et les lacs, en accidentent encore les paysages.

MONTS FAUCILLES.

Un peu à l'O. du Ballon d'Alsace se détachent les

monts *Faucilles*, série de plateaux peu élevés, couverts de forêts et sillonnés de ruisseaux.

Ramifications. — Au N. des monts Faucilles se rattachent deux chaînes parallèles qui forment l'étroite vallée de la Meuse ; ce sont, d'un côté, l'*Argonne Orientale* et les *Ardennes Orientales* ; d'un autre, l'*Argonne Occidentale* et les *Ardennes Occidentales* ; cette dernière chaîne se partage au plateau de St-Quentin et envoie: les *collines de l'Artois*, vers le cap Gris-Nez ; les *collines de Picardie* et celles du *pays de Caux*, vers le cap de la Hève ; et enfin les *collines de Belgique*.

PLATEAU DE LANGRES, COTE D'OR

Deux séries de hauteurs peu considérables, le *plateau de Langres* et la *Côte d'or*, relient les monts Faucilles aux Cévennes ; les monts *Tasselot* et *Moresol* en sont les sommets principaux.

La Côte-d'Or envoie, entre le bassin de la Seine et celui de la Loire, un contrefort formé des *monts du Morvan*, des *collines du Nivernais*, des *collines* et du *plateau d'Orléans*, des *collines du Perche*, de *Normandie*, du *Maine*, les *monts de Bretagne*. Ceux-ci se divisent en deux rameaux : les *monts d'Arrée* et les *Montagnes Noires*.

CÉVENNES

A l'étang de *Longpendu* commencent les *Cévennes* ; on les divise en deux parties : les *Cévennes septentrionales*, jusqu'au mont Lozère, et les *Cévennes méridionales*, du mont Lozère au col de Naurouzze.

Les Cévennes septentrionales comprennent : les *monts du Charolais*, du *Beaujolais*, du *Lyonnais* et du *Vivarais*; elles renferment les *monts d'Ajoux* (1,012 m.), *Tarare* (1,050 m.), *Lozère* (1,690 m.), et *Mézenc* (1,734 m.).

. Les Cévennes méridionales contiennent beaucoup de volcans éteints ; elles prennent successivement le nom de *monts du Gévaudan, Garrigues*, de *l'Orb*, de *l'Espinous* et de la *Montagne Noire* ; le principal passage est le *col de Naurouzze*.

Les flancs de ces montagnes sont couverts de bois

et de pâturages ; on y exploite la houille, et on y rencontre les eaux minérales de St-Galmier, de Vals, etc...

Ramifications. — Du massif de la Lozère se détache la longue suite de montagnes et de hauteurs qui séparent le bassin de la Garonne de celui de la Loire ; ce sont : les *monts de la Margeride*, projetant les *Plateaux des Causses*; le *massif du Cantal*; les *monts d'Auvergne*, qui couronnent un plateau assez étendu, appelé *Plateau Central*, et présentent les sites les plus sauvages et les plus pittoresques; le plateau de *Mille Vaches*; les *monts du Limousin*. A leur extrémité occidentale, ils se partagent et envoient au N. les *collines du Poitou*, le *Plateau de Gatine*, et les *côteaux du Bocage*; au S. les *collines de Saintonge* et celles du *Périgord*. Cette chaîne renferme le *Plomb du Cantal* (1858 m.), le *mont Dore* dont l'un des principaux sommets est le *Puy de Sancy* (1888 m.), et le *Puy de Dôme* (1465 m.).

Entre la Loire et l'Allier, un autre contrefort se détache des Cévennes, ce sont : les *monts du Velay*, du *Forez* et de la *Madeleine*, série de volcans éteints qui présentent les sites les plus pittoresques et les vallées les plus belles.

PYRÉNÉES.

Les Pyrénées s'étendent de la Méditerranée au col de Bélate ; elles se divisent en trois parties : les *Pyrénées orientales*, les *Pyrénées centrales*, et les *Pyrénées occidentales*; c'est une chaîne granitique et calcaire, qui forme une haute muraille entre la France et l'Espagne.

Ramifications. — Les branches les plus remarquables qu'elles projettent en France, sont : les *Albères*; les *Aspres*, contenant le *massif du Canigou*; les *Corbières orientales*; les *Corbières occidentales*; les *montagnes de Bigorre*, continuées par les *collines de l'Armagnac* et celles du *Bordelais*; les *monts de la Basse-Navarre*.

Ports et Cols. — Les cols ou ports sont nombreux; on en compte plus de 150, et la plupart difficiles. Voici les principaux : le *Col de Perthus*, le passa-

ge le plus fréquenté de l'E., avec la route de Figuiè-
res à Perpignau ; le *Col des Aires,* traversé par la rou.
te de Campredon à Perpignan ; le *Col de la Perche*
communication très-importante, avec la route de Per'
pignan à Urgel, dans les Pyrénées Orientales.

Les Pyrénées centrales ne contiennent guère que
des sentiers impraticables et à peine suivis par les
contrebandiers ; ce sont : le *Port de Salo,* celui de
Tabascain et celui de *Puymoren.*

Les Pyrénées occidentales contiennent : la *Brèche de
Roland,* le *port de Gavarnie,* le *port de Cauterets,* le
port de Canfranc avec la route de Jacca à Oloron, le
Col d'Ibagnetta et celui de *Bélate.*

Cirques. — Les Pyrénées renferment des en-
ceintes creusées dans le calcaire et formées de gra-
dins gigantesques, de rochers à pic, c'est ce que l'on
nomme *cirques* ; les plus remarquables sont ceux de
Gavarnie, de *Troumouse,* d'*Estaubé* et du *Lys.*

Gaves. — Du sommet de cette chaîne descendent
de nombreux cours d'eau ; les habitants du Béarn et
du Bigorre les appellent ordinairement *Gaves,* à cause
de la rapidité imprimée à leurs eaux par les pentes
que suit leur lit. Les Gaves les plus considérables sont
le *Gave de Gavarnie* qui, à la sortie du cirque de ce
nom, tombe d'une hauteur de 420 m., fait une magni-
que cascade, et forme avec le *Gave de Héas* la rivière dite *Gave de Pau* ; les *Gaves d'Ossau* et d'*Aspe* dont
les eaux, descendues avec impétuosité de sources élevées, se réunissent avec un épouvantable fracas à Oloron et donnent naissance au *Gave d'Oloron.* Un des
affluents de cette rivière est le *Gave de Mauléon* ou de
Soule.

Sommets. — Les points des Pyrénées les plus remarquables, sont : le *Mont Maudit* dont le point culminant est le *Pic de Néthou* (3482 m.), le *pic des Posets*
(3367 m); le *Mont Perdu* (3351 m.), en Espagne. En
France, les Pyrénées orientales ne renferment pas de
sommets dignes d'être cités ; dans les Pyrénées Centrales, il faut mentionner le *Pic de Corlitte* (2930 m.),
le *Mont Vallier* (2820 m.) , le *pic du Midi de Bigorre*
(2877 m.), et la *Tour de Marboré* ; dans les Pyrénées Occidentales, le *Mont Taillon* (3100 m.), le *Mont
Vignemale* (3300 m.), et le *pic du Midi d'Ossau.*

Vallées. — Les Pyrénées sont sillonnées par un grand nombre de vallées ; les unes sont transversales et se dirigent du Nord au Sud : les autres suivent la chaîne et sont longitudinales, elles sont au nombre d'environ 56. Il en est d'autres encore que l'on pourrait appeler semi transversales, et qui s'appuient sur les vallées longitudinales. Les plus belles sont : la *vallée de Barousse*, la *vallée d'Oueil*, la *vallée d'Arran*, celle de la *Sègre*, celle d'*Argelès*, celle d'*Aure* et celle de *Campan*.

Aspect — Les Pyrénées sont des montagnes remarquables par leur grande épaisseur et l'enlacement confus de leurs bases ; le corps principal est serré, compacte, aride, offrant des pics coniques moins élancés que ceux des Alpes, et dont les sommets sont couverts de neiges, de glaces et de forêts de sapins, de pins et d'ifs. Les glaciers sont en petit nombre ; on y trouve quelques lacs, à peine quelques plateaux verdoyants ; du côté de la France, la chaîne présente un flanc généralement moins escarpé que du côté de l'Espagne. Les Pyrénées sont riches en mines de fer de cuivre, de plomb; plusieurs des rivières qui en descendent, roulent des paillettes d'or, l'Ariège, par exemple ; enfin les eaux minérales y sont abondantes : il suffit de citer celles de Barèges, St-Sauveur, Cauterets, les Eaux Bonnes, celles de Bagnères-de-Bigorre, de Bagnères-de-Luchon, et d'Amélie-les-Bains.

MONTAGNES DE CORSE

A propos des montagnes de France, mentionnons celles de Corse ; elles forment une chaîne qui traverse l'île, du Nord au Sud, et dont les points culminants sont le *Monte Rotondo* (2767 m.) et le *Monte d'Oro* (2652 m.).

MONTAGNES D'ESPAGNE

La péninsule Hispanique est parcourue en tous sens par des chaînes de montagnes qui portent le nom de *Sierras* En premier lieu, au Nord, les *Monts Cantabr s* se détachent des Pyrénées, et vont, sous les noms de *Monts de Galice* et *Monts des Asturies*, aboutir au Cap Finisterre ; de nombreux cols les traversent.

Vers les sources de l'Ebre, une chaîne appelée *Monts Ibériques* (1) se rattache aux Pyrénées, parcourt l'Espagne du Nord au Sud en décrivant une courbe tortueuse, la divise en deux versants, et va se terminer à la pointe de Gibraltar par la *Sierra Nevada*. Elle renferme le *col de Pancorbo*.

Sierra Nevada. — La *Sierra Nevada* est la chaîne la plus élevée et la plus bouleversée de la péninsule ; ses sommets, ainsi que l'indique son nom, sont toujours couverts de neige ; ses pentes offrent les aspects les plus variés : tantôt on y rencontre de profondes et fraîches vallées produisant, presque sans culture, les végétaux de la zône torride ; tantôt des gorges sauvages, des sommets granitiques et gigantesques. Le point le plus élevé de ce massif est le *pic de Mulhacen* (3554 m.).

Plateaux de la Castille. — La péninsule Hispanique se compose d'un vaste plateau que divisent les *Sierras de Gata*, de *Credos*, de *Guadarrama*, la *Somo-Sierra* et la *Sierra d'Aylon* appelées aussi *Monts Carpétaniens* ; au Nord, c'est le plateau de la *Vieille-Castille* et de *Léon* ; au Sud, le plateau de l'*Estrémadure* et de la *Nouvelle Castille*. C'est un pays généralement aride, composé de vastes plaines couvertes de bruyères et de genêts, et que traversent des rivières profondément encaissées. Ce double plateau, haut de 500 à 700 mètres, est bordé au N. par les *terrasses des Asturies* et de la province de *Santander* ; au N.-E. par les *terrasses d'Aragon* ; a l'E. par celles de

---

1. — Nous n'avons pas cru devoir embarrasser la mémoire des élèves avec les noms des sierras composant la chaîne Ibérique, nous les donnons seulement en note. Ce sont : la sierra Reynosa, la sierra d'Occa, la sierra d'Urbion, la sierra de mont Cayo, la sierra de Muelo, la sierra Siguenza, la sierra Ministra, la sierra Molina, la sierra de Albaracin, la sierra de Cuenca, la sierra d'Alcaraz, la sierra Segura, la sierra Sagra, la sierra Huescar, la sierra Baza, la sierra Nevada, la sierra Tejada, la sierra de Loja, la sierra de Malaga et la sierra de Ronda.

Valence et de *Murcie* ; au S. par celles de *Grenade* et de l'*Andalousie* ; et à l'O., par la *terrasse de Portugal*. Ces montagnes prennent au S. le nom de *Sierra Morena* et *Sierra Constantina* ; à l'O., elles s'appellent *Sierra Moradal*, *Sierra de Guarda*, *Sierra Sanabria* et *Sierra d'Elstredo*. Le plateau de la Nouvelle Castille et de l'Estrémadure est traversé par la *Sierra de Guadalupe* et les *monts de Tolède*, nommés aussi *monts Lusitaniens*

De la terrasse du Portugal se détachent : 1º *la Sierra d'Estrella* qui se prolonge jusqu'au Cap Rocca ; 2º les *Sierras d'Estremoz*, de *Viana*, de *Ourique* et de *Monchique* qui aboutissent au cap St Vincent.

MONTS DE LA GRANDE BRETAGNE

Dans la Grande-Bretagne, les régions montagneuses dominent en Ecosse. Le massif le plus large et le plus épais est celui des *Grampians*, dont le versant septentrional tombe à pic sur le canal Calédonien; mais dont le versant méridional s'abaisse sur les vallées de la Clyde et du Forth. Le point culminant de ces montagnes est le *Ben Nevis* (1335 m.).

Entre l'Angleterre et l'Ecosse s'étendent les *Monts Cheviots* qui projettent le sommet du *Hart Fell* (1008 m.) ; moins élevés que les Grampians, ils sont composés de rochers et de collines aux sommets arrondis.

Dans sa partie occidentale, l'Angleterre est montueuse; on y trouve les *monts Moorlands*, les *monts du Cumberland*, et les *monts Cambriens* ou *montagnes du pays de Galles*, massif très-accidenté. coupé d'étroites vallées, et couvert de cascades et de lacs ; la partie la plus élevée est le *Mont Snowdon* (1085 m.).

COLLINES D'IRLANDE

L'Irlande ne possède point de grandes chaînes de montagnes ; cette île est basse et marécageuse au centre, montueuse au N. et au S ; elle n'a pour séparer ses eaux qu'une suite de collines très-confuse, s'étendant du Cap Mizen au Cap Malin. Le point le plus élevé est le *Carn-Tual* (1040 m.).

ALPES SCANDINAVES

La région scandinave est coupée par une grande chaîne de montagnes appelée *Alpes Scandinaves*, se rattachant aux hauteurs de l'Europe septentrionale par les *monts Olonetz*. De la source de la Tana à celle du Glommen, elle sépare la Suède de la Norwège, et porte successivement le nom de *monts Kiœlen, Dofrines* et *Langfield*. A cet endroit, elle se divise en deux branches; l'une s'avance vers le cap Lindesnœss, c'est le *Langfield* proprement dit ; l'autre, vers le cap Falsterbo et s'appelle *Monts Sèves*; celle-ci ne se compose que de hauteurs peu remarquables, de petits plateaux et de marais.

La partie méridionale des Alpes Scandinaves est de beaucoup la plus élevée et la plus épaisse, et ses sommets sont continuellement couverts de neiges et de glaciers. On y remarque le *Skagestollind* (2500 m.) dans le Langfield.

Les montagnes de la péninsule Scandinave sont beaucoup plus voisines de l'Atlantique que de la mer Baltique ; du côté de l'Océan elles sont abruptes, terminées par de hautes falaises découpées de telle sorte que la mer pénètre jusqu'au pied de la chaîne par des golfes profonds, étroits et sombres, qui ressemblent à de magnifiques estuaires et que l'on nomme *fiords*.

VOLCANS ET GEYSERS DE L'ISLANDE

L'Islande n'est, à vrai dire, qu'un groupe de montagnes, de rochers ignés et de basaltes, dont le faîte est toujours couvert de neige. Cette île renferme un grand nombre de volcans, sans compter ceux qui se sont éteints avant qu'elle ne fût habitée. Les plus célèbres sont : l'*Hécla* (1734), le *Vatna-Jœkull* et l'*OErefa-Jœkull*.

Les vallées qui les avoisinent renferment beaucoup de lacs et de sources chaudes qui lancent de magnifiques jets d'eau ; les deux célèbres sources ascendantes appelées *Geysers* envoient parfois l'eau bouillante à 50 mètres de hauteur ; elles sortent du milieu d'une plaine d'où jaillissent un grand nombre d'autres sources moins importantes, et que les Islandais appellent *Hyers*.

MONTAGNES ET PLATEAUX DE RUSSIE

A l'E. et au S. la Russie est limitée par les *monts Ourals* et le *Caucase*.

Monts Ourals. — Les monts Ourals séparent la Russie de l'Asie, et s'étendent du Nord au Sud ; ils présentent moins l'aspect d'une grande chaîne que d'un plateau élevé d'environ 1500 mètres, et s'abaissant en pentes peu sensibles.

Mont Caucase. — Le mont Caucase se dirige de l'embouchure du Kouban, dans la Mer Noire, au Cap Apchéron, dans la Mer Caspienne ; sa longueur est de 11,000 kilomètres. Il a l'aspect d'une muraille gigantesque ; les passages y sont rares et difficiles, et les plus connus sont les *Portes de Derbent* et le *Défilé de Dariel*. Le versant septentrional se compose d'immenses plaines inclinées et coupées par des vallées profondes ; le versant méridional s'abaisse vers l'Asie par une suite de terrasses bien exposées et couvertes d'une belle végétation. Le point culminant de cette chaîne est le *mont Elbrouz* (5600 m.).

Plateaux, Plaines et steppes. — L'intérieur de la Russie forme un plateau très-peu élevé, surmonté de petits groupes de hauteurs ; les plus remarquables sont les *monts Valdai*, dont le point culminant n'atteint pas 300 mètres. De là partent : au N.-O. les *monts Olonetz* qui vont rejoindre les Alpes Scandinaves ; au N.-E., les *monts Uvalli* et *Chemokonski* ; au S.-O., la *forêt de Volkonski*, le *plateau de Minsk*, et les *collines de Pologne* ; au S.-E., de faibles ondulations qui séparent le Dniéper et le Don, du Volga.

Cette contrée, la plus vaste de l'Europe, n'offre presque partout que de grandes plaines arides, monotones, couvertes de boue, de marécages, de glaces et de forêts. Ces endroits incultes prennent le nom de *steppes*, dont les plus connues sont celles de l'*Ukraine* et de *Nogais*.

1° Eaux steppes. — Les plaines de la Russie méridionale sont souvent ravagées par de terribles tempêtes périodiques appelées *Métels* qui chassent irrésistiblement tout ce qui se trouve dans la steppe, et le pousse dans la mer.

DÉPRESSION DE LA CASPIENNE.

Au S.-E. de la Russie est la mer Caspienne, le plus grand lac du Globe, et en même temps la partie la plus basse de sa surface. La différence de niveau qui existe entre cette mer et les autres, longtemps exagérée, paraît se borner aujourd'hui à une dépression de 30 mètres avec la Mer Noire, et de 41 mètres avec l'Océan.

CHAPITRE III

EAUX

, Versant de la Caspienne et de la Méditerranée ;. versant de l'Atlantique et de l'Océan glacial. — Enumérer les fleuves et insister sur la description des plus importants. — Lacs et régions marécageuses.

Ligne de partage des eaux. — Les terres de l'Europe sont inclinées en deux sens opposés et forment *deux versants,* celui du *S. et du S.-E.* ou *versant de la Méditerranée et de la Caspienne ; le versant du N. et de l'O.,* ou *versant de l'Atlantique et de l'Océan glacial arctique.* Une ligne de hauteurs et de montagnes partant du N.-E. de la Russie pour aboutir à la pointe de Gibraltar, les sépare l'un de l'autre, c'est la *ligne de partage des eaux.* Elle comprend : les *Monts Ourals, Chémokonski, Uvalli,* le *plateau du Valdaï,* les *collines de Pologne,* les *Karpathes de l'O.,* les *Monts Sudètes,* de *Moravie* et de *Bohême,* le *Fichtel-Gebirge,* le *Jura de Franconie,* les *Alpes de Souabe,* la partie méridionale de la *Forêt-Noire,* les *Alpes de Constance,* les *Alpes Algaviennes,* les *Alpes Centrales,* les *Alpes Bernoises,* les *Alpes Vaudoises,* le *Jorat,* le *Noirmont,* le *Jura,* les *Vosges méridionales,* les *Monts Faucilles,* le *Plateau de Langres,* la *Côte d'Or,* les *Cévennes,* les *Corbières Occidentales,* les *Pyrénées centrales* et *Occidentales,* les *Monts Cantabres,* et les *Monts Ibériens* terminés par le massif de la *Sierra-Nevada.*

Ces deux versants se subdivisent en versants particuliers, et ces derniers en bassins. Les bassins sont
formés par les vallées des fleuves.

I. VERSANT DU SUD-EST.

Le grand versant du Sud et du Sud-Est renferme les
versants secondaires de la *mer Caspienne*, de la *Mer
d'Azof*, de la *mer Noire*, de *l'Archipel*, de la *Mer Ionienne*, de la *Mer Adriatique*, de la *Mer Tyrrhénienne*
et de la *Méditerranée*.

Versant de la Caspienne. — La mer Caspienne reçoit deux fleuves importants : l' *Oural* ou *Jaïk*,
et le *Volga*, en Russie.

L'Oural descend des Monts Ourals, sépare la Russie
du Turkestan, et arrose Orkaïa, Orenbourg et Ouralsk;
après un cours de 3700 kilomètres environ et des si-
nuosités nombreuses, il se jette dans la Caspienne par
trois bouches.

Le Volga est le plus grand fleuve d'Europe. Il prend
sa source à l'O. des Monts Valdaï, coule de l'O. à l'E.
jusqu'à Kazan ; ensuite il tourne au Sud, puis vers le
S.-E.. Il traverse les villes de Jaroslav, Nijni-Novogo-
rod, Saratov et Astrakan, et se jette dans la mer par
72 embouchures. Ses affluents principaux sont : l'*Oka*,
grossie de la *Moskowa*, à droite ; et la *Kama*, à gauche.

Versant de la mer d'Azof. — La mer d'A-
zof reçoit le *Kouban*, et le *Don*, (ancien *Tanaïs*,)
qui termine son cours par deux branches, près d'Azof,
et en face de Tangarog. Il prend sa source dans le
lac Ivanof ; dans sa partie supérieure, le Don traverse des pays fertiles et faiblement accidentés ;
dans sa partie inférieure, il ne rencontre que des
steppes arides, et des plaines immenses et sans culture. Il baigne les villes de Paulowsk, Novo-Tcherkask
et Rostow.

Versant de la mer Noire. — Ce versant renferme le *Dniéper*, le *Dniester* et le *Danube*.

Le Dniéper sort des marais du Valdaï, arrose Smo-
lensk, Mohilev, Kiev, Kherson, et se jette dans la
Mer Noire à Ochtakow, après avoir reçu à droite la *Bé-
résina* et le *Bug*. Son cours est d'environ 1600 kilo-

mètres, rapide et embarrassé par des barres de granit et de craie qui donnent naissance à plusieurs *rapides* ou *Poroges*, que de grands travaux ont en partie fait disparaître.

Le Dniester sort des collines de Galicie, entre en Russie à Choczim, arrose Bender, et se jette dans la Mer Noire après un parcours d'environ 1500 kilomètres. Son lit est peu profond, et son cours est rapide.

Le Danube sort de la Forêt-Noire, traverse le Wurtembérg, la Bavière, l'Autriche, la Hongrie qu'il sépare de la Serbie, passe entre la Valachie et la Serbie, borne la Valachie et la Moldavie du côté de la Bulgarie, et déverse ses eaux dans la Mer Noire par plusieurs bouches dont les plus connues sont celles de *Kilia*, de *Sulina* et de *St Georges*, après un cours de 2560 kilomètres. Il arrose Ulm, Ratisbonne, Passau, en Allemagne ; Vienne, en Autriche ; Presbourg, Pesth, Bude et Peterwardein, en Hongrie ; Belgrade, en Serbie ; Silistrie, en Bulgarie ; Galatz et Ismaïl, en Moldavie. Ce fleuve est très-rapide, et, par places, la navigation en est fort difficile.

Les affluents du Danube sont : à droite le *Lech*, l'*Inn*, la *Traun*, l'*Ens*, le *Raab*, la *Drave*, la *Save*, et la *Morawa* ; à gauche le *Gran*, la *Théiss*, l'*Aluta*, le *Séreth*, et le *Pruth*.

Versant de l'Archipel. — La mer de l'Archipel reçoit quelques cours d'eau considérables ; les plus importants sont : la *Maritza*, ancien *Hèbre*, dans la Turquie d'Europe ; le *Strouma*, et la *Sélembria* qui tombe dans le golfe de Thessalonique.

Versant de la mer Ionienne. — Les fleuves de ce versant sont : le *Rouphia*, l'*Alphée*, l'*Aspropotamos* (ancien *Achéloüs*), et le *Mavropotamos*, autrefois nommé *Achéron*, en Grèce.

Versant de l'Adriatique. — Les tributaires les plus importants de l'Adriatique, sont le *Pô* et l'*Adige*.

Le Pô est formé de deux sources qui descendent du mont Viso ; il traverse Turin, Plaisance et Guastalla, et tombe dans l'Adriatique par un vaste delta. Il reçoit : à droite le *Tanaro*, la *Scrivia*, la *Trebbia*, le *Panaro* et le *Seno* ; à gauche la *Doire Ripaire*, la *Doire Baltée*, la *Sésia*, le *Tessin*, l'*Oglio*, et le *Mincio*. Ce fleuve est sujet à de fréquents débordements; aussi est-il, depuis Plaisance, resserré entre des digues; au-dessous de Guastalla, sa vallée devient marécageuse. Les masses de sable qu'il charrie, rendent sa navigation très-difficile.

L'Adige sort des Alpes Rhétiques par trois sources: l'*Etsch*, l'*Eysach*, la *Rienz*, et traverse le Tyrol et la Vénétie. Il arrose Trente et Roveredo, en Autriche ; Rivoli et Vérone, en Italie. Il tombe dans la mer après un cours d'environ 350 kilomètres. Quoiqu'il ne soit pas un affluent du Pô, plusieurs de ses branches vont se réunir à ce fleuve.

Les autres cours d'eau qui appartiennent à ce versant, sont : la *Brenta*, la *Piave*, le *Tagliamento*, en Italie ; et l'*Isonzo*, en Autriche.

Versant de la mer Tyrrhénienne. — Les cours d'eau sont peu considérables dans le versant de la mer Tyrrhénienne; les plus importants sont : le *Tibre* qui traverse d'abord une vallée étroite, profonde et accidentée, entre ensuite dans la *Campagne romaine*, passe à Rome et à Ostie, et roule des eaux jaunâtres et rapides. L'*Arno* qui coule de l'E. à l'O. dans une vallée très-fertile, et traverse, en arrivant à la mer, un pays de landes, de prairies désertes et de maremmes. Il passe à Florence et à Pise, et arrive à la mer après un cours de 250 kilomètres.

Versant de la Méditerranée. — Il n'y a guère que deux grands fleuves qui appartiennent au versant de la Méditerranée proprement dite : le *Rhône* et l'*Ebre*.

Le Rhône descend des montagnes de Suisse, traverse le lac de Genève et entre en France au fort de l'E. cluse. Arrivé à Lyon, il tourne brusquement au Sud, baigne Vienne, Tournon, Valence, Avignon, Tarascon, Beaucaire et Arles. Là, il se partage en deux bras qui forment le delta de *la Camargue*, et tombe dans le golfe du Lion. Son cours est de 860 kilomètres ; il est très-rapide, car sa pente totale est de plus de 1000 mètres ; il déborde souvent, et ses inondations sont redoutables. Il reçoit, à droite : l'*Ain*, la *Saône* grossie du *Doubs*, l'*Ardèche*, et le *Gard* ; à gauche: l'*Isère*, la *Drôme* et la *Durance*.

L'Ebre est un fleuve d'Espagne. Il vient de la sierra Reynosa, arrose Miranda, Saragosse, Tortose, et reçoit à gauche le *Gallego* et la *Sègre*.

Les autres cours d'eau de ce versant, sont : le *Var*, l'*Hérault*, l'*Orb*, et l'*Aude*, en France ; le *Guadalaviar*, le *Jucar* et la *Ségura*, en Espagne.

II. VERSANT DU NORD ET DE L'OUEST.

Les versants secondaires que renferme le versant du N. et de l'O. sont : celui de l'*Atlantique* proprement dit, celui du *golfe de Gascogne*, celui de la *Mer d'Irlande*, le versant de *la Manche*, le versant de la *Mer du Nord*, celui de *la Baltique*, celui de l'*Océan glacial arctique*, et celui de la *Mer Blanche*.

Versant de l'Atlantique. — Les grands tributaires de ce versant, sont : le *Guadalquivir*, la *Guadiana*, le *Tage*, le *Douro*, et le *Minho*.

Le Guadalquivir prend sa source dans un rameau de la Sierra Sagra (1) ; il baigne Andujar, Cordoue, Séville ; un peu au-dessous de cette ville, il s'encombre d'attérissements qui arrêtent sa navigation et forment plusieurs grandes îles. Après un cours de 550 kilomètres environ, il se jette dans l'Atlantique à San-Lucar de Guadarrama.

La Guadiana arrose l'Espagne et le Portugal. Elle sort des *marais de Ruidera*, dans la Sierra d'Alcaraz ; après un trajet de 16 kilomètres, elle disparaît près d'Alcaçar, coule sous terre et reparaît 20 kilomètres plus loin à un endroit appelé les *yeux de la Guadiana*. Elle arrose l'Estrémadure, sépare ensuite l'Espagne du Portugal, entre en Portugal, sert encore une fois de limite entre les deux états, et finit après un cours de 640 kilomètres entre la ville portugaise de Castro-Marim et la ville espagnole d'Aymonte.

Le Tage prend sa source dans la sierra de Albaracin ; ses eaux sont jaunâtres et coulent dans un lit embarrassé et rétréci ; la campagne qu'il parcourt est aride et dévorée par un ciel sans nuage. Après avoir

---

1. Ce rameau est la Sierra de Cazorla, aux confins de intendances de Jaën et de Murcie.

quelque temps séparé l'Espagne du Portugal, il entre
dans ce dernier état par les gorges qui s'étendent
d'Alcantara à Abrantès. Là, il commence à avoir un
cours paisible ; il vient former devant Lisbonne une
rade appelée *Mer de paille*, et se jette dans la mer par
un étroit goulet.

Le Douro naît dans des lagunes, au revers méridional
de la Sierra d'Urbion, et coule dans un lit étroit, profond, au milieu de plaines désertes. Il forme la frontière
de l'Espagne avec le Portugal, jusqu'à son confluent
avec l'*Agueda*, traverse ensuite le Portugal de l'E. à
l'O. et tombe dans l'Atlantique près de Porto. Son
cours est rapide, plein de tourbillons, et ses crûes
sont très dangereuses.

Le Minho vient des Monts de Galice, sépare cette
province du Portugal, coule souvent dans des gorges
très-profondes, et finit entre les deux petites places de
Guarda et de Caminha.

Citons encore, comme appartenant à ce versant :
l'*Ulla*, le *Tambre*, en Espagne; le *Shannon*, en Irlande;
et, en Angleterre, la *Severn* qui vient finir dans le
Canal de Bristol.

Versant du golfe de Gascogne. — Ce versant possède en Espagne les petites rivières du *Ner-
vion* et de la *Bidassoa*. En France, on rencontre d'abord
la *Nivelle* et l'*Adour*. Au N. de l'Adour, est l'important bassin de la Garonne.

La *Garonne* prend sa source au Val d'Arran, en Espagne; entre en France après un cours de 48 kilomètres, arrose St-Gaudens, Muret, Toulouse, Agen, Bor-
deaux, et, unie à la *Dordogne* descendue des Monts
d'Auvergne, tombe dans l'Océan en face de la Tour de
Cordouan, sous le nom de *Gironde*. La marée remonte
le fleuve jusqu'à 130 kilomètres, et forme une barre
connue sous le nom de *Mascaret*. Outre la Dordogne,
les affluents de la Garonne sont : à droite l'*Ariège*, le
Tarn, le *Lot*; à gauche le *Gers*.

De la Gironde à la Loire, on trouve les bassins secondaires de la *Charente*, de la *Sèvre Niortaise*, et
du *Lay*.

La *Loire* est aussi un tributaire du golfe de
Gascogne. C'est le plus grand fleuve de France ; elle
prend sa source dans le Velay, au mont *Gerbier-des-*

Jones, traverse plusieurs villes importantes comme Roanne, Nevers, Orléans, Blois, Tours, Nantes, et se jette dans l'Océan à St-Nazaire. Elle a pour affluents : à droite la *Nièvre*, et le *Maine* formé de la réunion de la *Mayenne* et de la *Sarthe* ; à gauche l'*Allier*, le *Loiret*, le *Cher*, l'*Indre*, et la *Vienne*. Les rives de la Loire sont agréables et bordées de riantes campagnes surtout dans sa partie inférieure , mais cette rivière est sujette à de fréquents débordements, et les sables qu'elle entraîne et qui se déplacent constamment en rendent la navigation difficile.

Nous mentionnerons encore trois cours d'eau qui aboutissent aussi au golfe de Gascogne : la *Vilaine*, grossie de l'*Ille*, le *Blavet* et l'*Aulne*.

Versant de la mer d'Irlande. — Cette mer ne reçoit pas de cours d'eau bien considérables, les plus importants sont : en Angleterre, la *Mersey* ; la *Clyde*, en Ecosse .

Versant de la Manche. — Le seul grand fleuve qui déverse ses eaux dans la Manche, est en France; c'est la *Seine*. Il prend sa source dans la Côte d'Or, arrose Troyes, Paris, Mantes. Elbœuf, Rouen, et finit par un large estuaire entre le Havre et Honfleur. La Seine reçoit , à droite : l'*Aube*, la *Marne* et l'*Oise* grossie de l'*Aisne* ; à gauche : l'*Yonne* et l'*Eure*. Sa vallée est monotone jusqu'à Paris, accidentée jusqu'à Rouen, pittoresque jusqu'au Havre. A son embouchure, la marée produit le phénomène de la *barre*, vague puissante qui refoule les eaux du fleuve, en remonte le lit jusqu'à Rouen avec une rapidité qui entraîne tout, et fait entendre un bruit qui l'annonce de fort loin.

Les autres cours d'eau sont : la *Rance*, le *Couesnon*, l'*Orne*, la *Dives*, à gauche de la Seine ; la *Bresle* ; la *Somme* qui sort du Plateau de St-Quentin, arrose St-Quentin, Amiens, Abbeville et se jette dans la Manche entre St Valery-sur-Somme et le Crotoy, par un large estuaire dit la *baie de Somme* ; l'*Authie* et la *Canche*, à droite de la Seine.

Versant de la Mer du Nord. — Les fleuves importants de la Mer du Nord, sont : la *Tamise*, l'*Escaut*, la *Meuse*, le *Rhin* et l'*Elbe*.

La Tamise sort des collines du Comté de Buckingham ; elle arrose Windsor, Londres qu'elle sépare en deux parties, Greenwich, et tombe dans la mer du Nord par un large estuaire.

L'Escaut prend sa source au plateau de St-Quentin ; il baigne Cambrai, Valenciennes, traverse la Belgique, longe la Hollande, et se jette dans la Mer du Nord par deux bras.

La Meuse prend sa source au village de Meuse, à la jonction des monts Faucilles et du plateau de Langers; elle coule dans une vallée étroite, au milieu du plateau des Ardennes, traverse Verdun, Sedan, Mézières, Charleville, Givet, entre en Belgique et en Hollande, et va confondre son embouchure avec celle du Rhin.

Le Rhin se forme en Suisse par trois bras ; il sort du massif du St-Gothard, traverse le lac de Constance, arrose Schaffouse et Laufen où il forme une belle chute, passe à Bâle, Worms, Mayence, Coblentz, Cologne, Nimègue et Utrecht ; se divise en plusieurs bras et se jette dans la mer du Nord. Sa longueur totale est de 1400 kilomètres. Son cours est impétueux, ce qui, sur certains points, en rendait autrefois la navigation dangereuse. Les bords de ce fleuve sont imposants, pittoresques, couverts de vignobles qui donnent les *Vins du Rhin*. Il a pour affluents principaux : à gauche, la *Moselle* grossie de la *Meurthe* ; à droite le *Necker*, le *Main*, la *Roër*, et la *Lippe*.

L'Elbe descend des Monts des Géants, en Bohême, sur les confins de la Silésie ; il traverse le défilé de Schandau, entre dans l'empire d'Allemagne où il arrose Dresde, Magdebourg, Hambourg, Altona, et tombe dans la Mer du Nord près de Cuxhaven. Il reçoit : à droite, le *Havel* dont l'affluent principal est la *Sprée* ; à gauche, la *Moldau* et l'*Eger*.

Les autres cours d'eau secondaires de ce versant, sont : le *Forth* et la *Tweed*, en Ecosse ; l'*Humber*, en Angleterre ; l'*Ems* et le *Weser*, en Allemagne.

Versant de la mer Baltique. — Quatre fleuves importants apportent leurs eaux à la mer Baltique; ce sont : l'*Oder*, la *Vistule*, le *Niémen* et la *Néva*.

L'Oder a sa source en Moravie, dans les monts Sudètes ; il entre en Prusse à Oderberg, traverse Breslau, Francfort-sur-l'Oder, Stettin, se divise près de Gartz en quatre bras, les réunit tous ensuite, et tombe dans la mer Baltique par trois embouchures qui for-

ment les îles d'Usedom et Wollin. Il a pour affluents :
à droite la *Wartha* ; à gauche l'*Oppà*.

La Vistule descend des Carpathes. Elle arrose Cracovie, en Autriche ; Varsovie dans la Pologne russe ;
Thorn et Dantzig, en Prusse ; après un cours de 1100
kilomètres, elle se jette par trois bras dans le golfe de
Dantzig. Son affluent est le *Bug*.

Le Niémen sort des marais de Minsk, arrose Grodno, Kovno, en Russie ; Tilsitt en Prusse, et va se jeter
dans le golfe de Dantzig.

La Néva unit le lac Ladoga au golfe de Finlande où
elle se jette après un cours de 60 kilomètres. Elle
passe à St-Pétersbourg. Son cours est rapide et très-
large, et ses eaux sont limpides et salutaires.

Les principaux cours d'eau secondaires de ce versant sont : la *Prégel*, en Prusse ; la *Duna* ou *Dwina
méridionale*, en Russie, qui aboutit au golfe de Livonie ; la *Tornéa*, la *Luléa*, la *Pitéa*, l'*Uméa*, l'*Angermane*, et le *Glommen*, en Suède.

Versant de l'Océan glacial arctique. — Ce
versant est traversé par la *Tana*, en Suède ; la *Petchora*, en Russie, qui sort des Monts Poyas, reçoit une
multitude d'affluents, traverse une plaine désolée habitée par les Samoyèdes, et finit par un large estuaire.

Versant de la mer Blanche. — La mer
Blanche a trois tributaires principaux : l'*Onéga*, qui
naît dans la province d'Olonetz et tombe dans le golfe
du même nom ; la *Dwina* du Nord, formée de deux
branches, sujette à des débordements terribles, qui
vient finir à Arkangel ; le *Mézen*.

LACS, MARAIS, ETANGS.

En Europe les lacs sont surtout en grand nombre
autour de la mer Baltique ; les régions marécageuses
dominent dans la Russie occidentale, le Nord de l'empire d'Allemagne, dans une partie de la Hollande, et
en Italie.

Lacs. — Les principaux lacs sont : les lacs *Saïma,
Onéga, Ladoga, Peïpus, Ilmen, Bielo*, en Russie ; *Luléa, Afvan, Storsion, Mœlar, Wetter, Wenner*, en
Suède ; *Miœsen*, en Norvége ; *Balaton*, en Hongrie ;
de *Constance, Zurich, Lucerne, Neufchâtel* et de *Genè*

ve, en Suisse ; *Majeur*, de *Côme*, d'*Izéo*, de *Garde*, de *Pérouse*, et de *Bolsena*, en Italie ; le lac *Lomond*, et le loch *Leven*, en Ecosse ; le logh *Neag* et le lac *Erne*, en Irlande.

Marais, lagunes. — Les marais les plus considérables sont ceux de *Pinsk*, en Russie ; de *Bourtange*, et de *Peel*, dans les Pays-Bas ; les lagunes du *Pommersche Haff*, du *Curische-Haff*, en Prusse ; le *Lymfiord*, dans le Jutland, le bassin d'*Arcachon*, les étangs de *Thau*, de *Valcarez*, de *Berre*, en France ; les lagunes de *Venise*, les marais *Pontins*, les marais de *Comacchio*, les *Maremmes*, en Italie.

Il faut ajouter, en Irlande, les fondrières appelées *bogs*, qui cachent sous l'apparence d'une verte prairie un terrain fangeux et de dangereux abîmes, et occupent une étendue de plus de 600,000 hectares.

GÉOGRAPHIE POLITIQUE.

CHAPITRE IV.

ETATS.

Etats du Nord-Ouest (moins la France); Etats du Centre ; Etats du Sud ; Etats du Nord-Est ; Capitales ; grandes divisions ; villes principales.

L'Europe se divise en quatre régions : Celle du *Nord-Ouest*, celle du *Centre*, celle du *Sud*, et la région du *Nord-Est*.

I. ÉTATS DU NORD-OUEST.

La région du Nord-Ouest contient les états suivants : *la France* (1), les *Iles Britanniques*, les *Pays Bas*, et la *Belgique*.

Iles Britanniques; capitale; grandes divisions ; villes principales. — On donne le nom d'*Iles Britanniques*, ou de *Grande-Bretagne*, aux îles que bornent : au N. et à l'O. l'*Océan Atlantique*; à l'E. la *Mer du Nord* ; au S. le *Pas-de-Calais* et la *Manche*.

Les Iles Britanniques sont partagées en quatre régions : l'*Angleterre*, le *Pays de Galles*, l'*Ecosse*, et l'*Irlande*. Chacune de ces régions est divisée en *Comtés*.

L'Ecosse et l'Irlande ont encore une autre division qui leur est propre : les *Hautes Terres* ou *Higlands*, les *Basses terres* ou *Lowlands*, en Ecosse ; les quatre diocèses d'*Ulster*, *Munster*, *Leinster*, *Connaught*, en Irlande.

La capitale de tout le royaume est *Londres*, sur la Tamise.

Les principales villes sont :

1° En Angleterre et dans le pays de Galles : *Manchester* et *Birmingham*, célèbres par leurs manufactu-

---

1. La géographie de la France étant réservée pour la classe de 4me, nous ne nous en occuperons pas ici.

res ; *Worcester*, fabrique de poterie fine et de gants ; Warwick, château célèbre ; *Cambridge* et *Oxford*, universités renommées ; *Glocester*, grand centre d'approvisionnements ; *Douvres*, port sur le Pas de-Calais ; *Portsmouth* et *Plymouth*, ports sur la Manche ; *Cardiff* et *Pembroche*, dans le pays de Galles.

2º En Ecosse : *Edimbourg*, ancienne capitale, université ; *Leith*, port à 2 kilomètres d'Edimbourg ; Glascow, sur la Clyde ; *Perth* et *Aberdeen*.

3º En Irlande : *Dublin*, ancienne capitale ; *Cork*, chantier de construction ; *Galway*, port fortifié ; *Londonderry*, port commerçant.

Pays Bas ; capitale ; grandes divisions ; villes principales. — Le royaume des *Pays-Bas* ou *Néerlande*, appelé aussi *Hollande*, a pour limites au N. et l'O. la *mer du Nord* ; à l'E. l'*Allemagne* ; au S. la *Belgique*.

La capitale est *Amsterdam*, séjour malsain, mais grande ville de commerce.

Les Pays Bas comprennent 12 provinces : la *Hollande septentrionale*, la *Hollande méridionale*, la *Zélande*, le *Brabant septentrional*, la *Gueldre*, la province d'Utrecht, celle d'*Over-Yssel*, celle de *Drenthe*, celle de *Groningue*, la *Frise*, le *Limbourg Hollandais*. Les villes principales sont : *La Haye*, résidence royale ; *Rotterdam*, port très-commerçant ; *Utrecht*, *Nimègue*, et *Maestricht*.

A la Hollande se rattache le *Luxembourg hollandais*, pays neutre, sous la souveraineté du roi des Pays-Bas, entre la France, la Belgique et l'Allemagne ; la capitale de cet état est *Luxembourg*.

Belgique ; capitale ; grandes divisions ; villes principales. — La Belgique est comprise dans les bassins de l'Escaut et de la Meuse ; en 1830, elle s'est séparée de la Holland à laquelle les traités de 1815 l'avaient annexée. Elle a pour bornes, au N. et au N.-E. les *Pays Bas* ; à l'E. l'*Allemagne* et le *Luxembourg hollandais*, au S. et au S. O., la *France* ; et à l'O. la *mer du Nord*.

La capitale de la Belgique est Bruxelles.

Cette contrée se divise en neuf provinces : *Flandre Occidentale*, *Flandre Orientale*, *Anvers*, *Limbourg Bel-*

ge, *Brabant méridional*, *Hainaut*, *Namur*, *Liége* et *Luxembourg Belge*.

Les villes les plus remarquables, sont : *Anvers*, port considérable sur la rive droite de l'Escaut ; *Malines*, belle cathédrale, fabrique de draps et de dentelles ; *Gand*, célèbre université ; *Bruges*, port spacieux ; *Ostende*, plage fréquentée pour les bains de mer ; *Tournai*, *Mons*, *Namur*, *Liège*, *Louvain*; *Waterloo* et *Wavre*, célèbres dans les combats dė juin 1815.

II. — ÉTATS DU CENTRE.

Les Etats renfermés dans la région du centre, sont : l'*Allemagne*, l'*Autriche Hongrie*, et la *Suisse*.

Allemagne; capitale ; grandes divisions ; villes principales. — L'empire d'Allemagne est ïborné au N. par la *Mer Baltique*, le *Dánemarck* et la *Mer du Nord* ; à l'O. par la *Hollande*, la *Belgique* et la *France* ; au S. par la *Suisse* et l'*Autriche*. ; à l'E. par la *Ru ssie*.

Cet empire reconstitué le 18 janvier 1871 en faveur du roi de Prusse, a pour capitale *Berlin*, sur la Sprée.

Il se divise en 26 états qui subissent de plus en plus l'hégémonie de la Prusse. Nous allons les citer séparément avec leurs villes principales.

La *Prusse* peut se diviser en *provinces anciennes* et *provinces nouvelles*. Les provinces anciennes sont :

La *Prusse propre*, v. p. *Kœnisberg*, *Dantzig* ;

La *Posnanie*, v. p. *Bromberg*, *Posen*.

La *Silésie*, v. p. *Breslau* ;

La *Poméranie*, v. p. *Stettin*, *Stralsund* ;

Le *Brandebourg*, v. p. *Berlin*, capitale de toute l'Allemagne ; *Potsdam*, résidence royale ; et *Francfort-sur-l'Oder* ;

La *Saxe*, v. p. *Magdebourg* ;

La *Westphalie*, v. p. *Munster*, *Minden* ;

La *Province du Rhin*, v. p. *Coblentz*, *Trèves*, *Aix-ja-Chapelle*.

Les provinces nouvelles sont :

Le *Sleswig-Holstein*, v. p. *Kiel*, *Sleswig*, *Altona* ;

Le *Hanovre*, v. p. *Hanovre*, *Osnabrück* ;

Le duché de *Luxembourg*, v. p. *Luxembourg*.

A ces états ajoutons la principauté de *Hohenzollern*, pays montueux, pierreux et ingrat.

Les autres états se sont groupés autour de la Prusse en 1866 et en 1871. Ce sont, dans l'*Allemagne du Nord* :

Les territoires de *Brême, Lubeck, Hambourg* et *Francfort sur-le Mein* ;

Le royaume de *Saxe*, cap. *Dresde* ;

Les duchés de *Saxe*, v. p. *Weimar, Altembourg, Gotha* ;

Les grands-duchés de *Meklembourg*, v p. *Schwérin* et *Strélitz* ;

Le grand duché d'*Oldenbourg*, cap. *Oldenbourg* ;

Le *Brunswick*, cap. *Brunswick* ;

La principauté de *Valdeck*, v.-p. *Arolsen* ;

Les deux principautés de *Lippe*, v. p. *Detmol* et *Buckebourg*;

Les deux principautés de *Reuss* ;

Les deux principautés de *Swartzbourg* ;

Le duché d'*Anhalt*, v. p. *Dessau*.

Dans l'*Allemagne du Sud* :

La *Bavière*, cap. *Munich* ;

Le *Vurtemberg*, cap. *Stuttgart* ;

Le grand duché de *Bade*, cap. *Carlsruhe* ;

Le grand duché de *Hesse*, v. p. *Darmstadt* et *Mayence*.

Il faut ajouter ici les provinces enlevées à la France : le département du *Bas Rhin*, en entier ; le *Haut-Rhin*, moins Belfort ; la plus grande partie de la *Moselle* ; environ le tiers de la *Meurthe*, et quelques communes des *Vosges*. C'est l'ancienne Alsace et la Lorraine dite *Allemande* ; elles forment le gouvernement d'*Alsace-Lorraine*. Les villes principales sont : trasbourg, *Metz, Mulhouse, Colmar*.

Autriche-Hongrie ; capitales ; grandes divisions ; villes principales. — L'empire Austro Hongrois, appelé simplement Autriche avant 1867, a pour bornes : au N. l'*Allemagne* et la *Russie* ; à l'E. la *Russie* ; au S. les *principautés Danubiennes*, la *Turquie*, et l'*Adriatique* ; à l'O. la *Suisse* et l'*Allemagne*.

La capitale est *Vienne* pour l'Autriche, et *Pesth* pour la Hongrie.

Les provinces principales de l'Autriche propre appelées aussi *pays Cisleithans*, sont :

La *Basse-Autriche*, cap. *Vienne* ;
La *Haute-Autriche*, cap. *Linz* ;
Le duché de *Salzbourg*, cap. *Salzbourg* ;
La *Styrie*, cap. *Grœtz* ;
La *Carinthie*, cap. *Klagenfurth* ;
La *Carniole*, cap. *Laybach* ;
Le *Tyrol* et le *Vorarlberg*, cap. *Insprück* ;
Le *littoral Illyrien*, v. p. *Trieste*, principal port de l'Autriche sur l'Adriatique ; *Goritz* ;
La *Dalmatie*, v. p. *Zara, Raguse, Cattaro* ;
La *Bohême*, cap *Prague* ;
La *Moravie*, cap. *Brünn* ;
La *Silésie*, cap. *Troppau* ;
La *Galicie*, v. p. *Lemberg*, et *Cracovie* réunie à l'Autriche depuis 1846 ;
La *Bukowine*, cap. *Czernowitz*.

Les provinces de la couronne de Hongrie ou *pays Transleithans*, sont :

La *Hongrie*, v. p. *Bude* ou *Ofen*, ancienne capitale de la Hongrie ;
Pesth, réunie à Bude par un pont sur le Danube, siége actuel du gouvernement ;
La *Croatie* et l'*Esclavonie*, v. p. *Agram, Essek, Fiume* ;
La *Transylvanie*, cap. *Klausenbourg* ;
Les *confins militaires*, v. p. *Karlstadt, Peterwardein*, et *Méhadia*.

Suisse ; capitale ; grandes divisions ; villes principales. — La Suisse est bornée au N. et au N.-E. par l'*Allemagne* ; à l'E. par l'*Autriche* ; au S. par l'*Italie* ; à l'O. par la *France* .

C'est une république divisée en *22 cantons* formant chacun un état indépendant ; les affaires générales sont traitées par un gouvernement fédéral composé de deux conseils et d'un pouvoir exécutif, et dont le siége est à Berne.

Voici les cantons, en suivant l'ordre géographique.
On en trouve huit sur le Rhin: les *Grisons, St-Gall, Appenzell, Thurgovie, Schaffouse, Zurich, Argovie,* et *Bâle.*

Il y en a six dans la Suisse intérieure : *Uri, Glaris, Schwitz, Unterwalden, Lucerne,* et *Zug.*

Quatre cantons sont dans la vallée de l'Aar : *Berne, Soleure, Fribourg* et *Neufchâtel.*

Trois cantons sont baignés par le Rhône : le *Valais, Vaud,* et *Genève.*

Enfin on en trouve un dans la région du Pô, le *Tessin.*

Les principales villes sont : *Berne,* siège du gouvernement ; *Schaffouse,* près d'une magnifique chute du Rhin ; *Bâle* ; *Zurich,* sur les bords du lac de ce nom ; *Lucerne,* sur le lac des Quatre-Cantons ; *Genève,* à l'endroit où le Rhône sort du lac Léman, célèbre par son horlogerie ; *Neufchâtel; Fribourg* ; *Lausanne* ; *Coire* ; *Bellinzona.*

III. ETATS DU SUD.

La région du Sud contient les royaumes de *Portugal,* d'*Espagne,* d'*Italie* et de *Grèce,* l'empire *Turc,* et les *principautés Danubiennes.*

Portugal ; capitale ; grandes divisions ; villes principales. — Le Portugal est borné au N. et à l'E. par l'*Espagne* ; à l'O. et au S. par l'*Océan Atlantique.*

Sa capitale est *Lisbonne,* à l'embouchure du Tage.

Le Portugal se compose de deux parties : le *Continent* et les *Iles.* La région continentale renferme six provinces: *Entre Douro et Minho, Tras os-Montes, Beïra,* l'*Estrémadure,* l'*Alemtejo,* et l'*Algarve.*

Les îles Açores et Madères, sous le nom d'*Iles adjacentes,* font la septième province.

Les villes les plus importantes, outre la capitale, sont : *Porto,* port à l'embouchure du Douro, célèbre par ses vins ; *Braga,* belle cathédrale ; *Bragance,* qui a donné son nom aux maisons régnantes du Brésil et du Portugal ; *Coïmbre, Evora* et *Faro.*

Espagne ; capitale ; grandes divisions ; villes principales. — L'Espagne a pour limites : au N. le *golfe de Gascogne* et la *France* dont les Pyrénées la séparent ; à l'E. et au S.-E., la *Méditerranée* ; au S., le *détroit de Gibraltar* ; au S.-O. l'*Océan Atlantique* ; à l'O. le *Portugal* et l'*Océan Atlantique.*

La capitale est *Madrid*, sur le Manzanarès.

L'Espagne est divisée en 47 provinces réparties en 15 capitaineries correspondant à peu près aux anciennes provinces qui, autrefois, formaient des royaumes distincts. En voici les noms :

1o Dans le Nord de l'Espagne, la *Catalogne*, l'*Aragon*, la *Navarre*, les *Provinces Basques*, les *Asturies*, et la *Galicie* ;

2o dans l'Espagne centrale, le *royaume de Léon*, la *Vieille-Castille*, la *Nouvelle-Castille*, l'*Estrémadure* ;

3o Dans l'Espagne méridionale, l'*Andalousie*, et le *royaume de Grenade* ;

4o A l'Est de l'Espagne, le *royaume de Murcie*, le *royaume de Valence*, et les *îles Baléares*.

Les villes les plus remarquables sont : *Salamanque* et *Valladolid*, célèbres par leurs universités ; *Burgos*, patrie et tombeau du Cid ; *Ségovie*, aqueduc romain ; *Tolède*, ancienne capitale des Wisigoths ; *San-Jéronimo de Just*, monastère où se retira Charles-Quint ; *Cordoue*, *Séville*, *Cadix*, *Murcie* (90,000 h.), *Valence* (90,000 h), belle cathédrale ; *Palma* et *Port-Mahon*, dans les îles Baléares.

République d'Andorre. — L'origine de ce petit état remonte aux temps Carlovingiens ; il occupe la *vallée d'Andorre*, sur le versant méridional des Pyrénées. Il comprend 54 villages répartis en 6 communes et renfermant environ 10,000 habitants. La capitale est *Andorre*, sur la Balira, affluent de la Sègre. La France et l'évêque d'Urgel sont les protecteurs de cette république.

Italie ; capitale ; grandes divisions ; villes principales. — L'Italie est située entre la *Suisse*, l'*Allemagne* et l'*Autriche*, au N.; la *mer Adriatique* et le *Canal d'Otrante*, à l'E.; la *mer Ionienne* et la *Méditerranée* au S.; la *mer Tyrrhénienne* et la *France*, à l'O.

La capitale de ce royaume, depuis 1870, est *Rome*.

L'Italie est divisée en 12 provinces subdivisées en préfectures; ce sont :

Le *Piémont*, la *Ligurie* ou territoire de *Gênes*, la *Lombardie*, la *Vénétie*, l'*Emilie*, la *Toscane*, l'*Ombrie*, les *Marches*, le *Territoire Romain*, le *Territoire Napo-*

litain, la *Sicile*, la *Sardaigne*. Ajoutons la république de *St-Marin*, enclavée dans les Marches, et le groupe de *Malte*, cap. La Valette, qui appartient à l'Angleterre.

Les villes principales sont : *Turin*, ancienne capitale des Etats Sardes ; *Palestro*, victoire des Français en 1859 ; *Gênes*, sur le golfe du même nom ; *Milan* cathédrale magnifique, siège épiscopal illustré par St-Ambroise et St-Charles Borromée ; *Pavie*, ancienne capitale des rois Lombards ; *Venise*, port de commerce important sur l'Adriatique, construite dans les lagunes ; *Florence*, autrefois capitale de la Toscane, qui possède de nombreux monuments, patrie du Dante, de Boccace et des Médicis; *Ancône*, port sur l'Adriatique ; *Naples*, ancienne capitale du royaume des Deux-Siciles ; *Messine, Palerme, Catane, Syracuse*, en Sicile, *Cagliari*, dans l'île de Sardaigne.

Grèce ; capitale ; grandes divisions ; villes principales. — La Grèce est bornée au N. par la *Turquie* ; à l'E. par l'*Archipel* ; au S. et à l'O. par la *mer Ionienne* La partie continentale de ce pays se compose de deux régions, la *Grèce septentrionale* et la *Morée*, ancien Péloponèse, réunies par l'isthme de Corinthe.

La capitale est *Athènes* (50,000 h).

La Grèce est divisée en 14 nomes ou départements:
Celui d'*Attique et-Béotie*, celui de *Phtiotide-et-Phocide*, celui d'*Acarnanie-et Etolie*, celui d'*Argolide et-Corinthie*, celui d'*Achaïe et Elide*, celui de *Messénie*, celui de *Laconie*, les deux nomes des *Cyclades*, et les trois nomes des *îles Ioniennes*, autrefois sous le protectorat de l'Angleterre, réunis à la Grèce depuis 1863.

Les villes les plus remarquables sont : *Livadie*, près du lac Topolias ; *Missolonghi*, célèbre par le siége de 1825-1826 ; *Corinthe*, sur l'isthme de ce nom, connue pour ses vins et ses raisins ; *Patras*, sur le golfe de ce nom ; *Coron* et *Modon*, ports de Messénie ; *Navarin*, célèbre par la victoire remportée en 1827 sur la flotte turco-égyptienne par les flottes française, anglaise et russe combinées ; *Corfou*, dans les îles Ioniennes ; *Santorin*, riche en bons vins, dans les Cyclades.

Turquie ; capitale ; grandes divisions ; villes principales. — La Turquie est renfermée entre l'*empire Austro-Hongrois*, la *Save*, la *Serbie* et le *Danube*, au N.; la *Mer Noire*, le Canal de *Constantinople*, à l'E,; la *Mer de Marmara*, le *détroit des Dardanelles*, l'*Archipel*, et la *Grèce*, au S.; le *le Canal d'Otrante*, la *mer Ionienne*, le *Monténégro*, et la *Dalmatie* à l'O.

Elle a pour capitale *Constantinople*, fondée par Constantin sur l'emplacement de Byzance.

Les provinces qu'elle renferme sont : la *Roumélie*, la *Bulgarie*, la *Serbie turque*, la *Rascie*, la *Bosnie*, la *Croatie turque*, l'*Herzégowine*, l'*Albanie* et la *Thessalie*.

La Turquie possède encore l'île de *Candie* (ancienne Crète), pays fertile et beau mais pauvre, au S. de l'Archipel ; *Thaso, Imbro, Lemno, Samothraki*.

Les villes principales sont : *Sophia, Andrinople, Salonique, Gallipoli* sur une presqu'île du même nom, *Larisse, Candie* sur la côte septentrionale de l'île de ce nom.

Pays vassaux de la Turquie. — Les pays vassaux de la Turquie sont : le *Monténégro* et les *Principautés Danubiennes*.

Le Monténégro, débris de l'empire Serbe, est un pays situé à l'O. de la Turquie. Il renferme de hauts plateaux, des montagnes stériles, quelques vallées et quelques pâturages. Sa capitale est la petite bourgade de *Cettigné*.

Les principautés Danubiennes comprennent la *Roumanie* (*Moldavie* et *Valachie*), et la *Serbie*.

La Roumanie s'est affranchie depuis 1858. et les deux provinces qui la composent sont réunies sous le même prince depuis 1861. Les villes principales sont : *Jassy, Galatz*, et *Ismaïl*, en Moldavie ; *Bukharest*, capitale de toute la Roumanie, et *Braïla*, en Valachie.

La Serbie, pays montueux et bien arrosé, a pour capitale *Belgrade*. C'est un pays tributaire et vassal du sultan ; quoique son indépendance ait été reconnue en 1829, c'est en 1869 seulement que sa constitution a été définitivement réglée.

IV. ETATS DU NORD-EST.

Les états du Nord-Est sont : la *Russie*, la *Suède et la Norwège*, le *Danemark*.

Russie; capitale; grandes divisions; villes principales. — La Russie a pour bornes : au N. l'*Océan glacial Arctique* ; à l'E. la rivière *Kara*, les monts *Ourals*, le *fleuve Oural*, et la *Mer Caspienne* ; au S., le *Mont Caucase* et la *Mer Noire* ; à l'O. la *Roumanie*, l'*empire Austro-Hongrois*, l'*empire d'Allemagne*, la *mer Baltique*, la *Suède* et la *Norwège*.

Sa capitale est *St-Pétersbourg*, sur la *Néva*.

Sans compter le grand duché de *Finlande*, la *République des Cosaques du Don*, et les *trois territoires caucasiens*, la Russie est divisée en 60 gouvernements tous compris dans sept grandes régions géographiques appelées : *Russie de la Mer Blanche*, ou *Samoyède, Russie Baltique Russie occidentale* renfermant la *Pologne, Russie méridionale, Russie orientale, Grande Russie, Petite Russie.* Les provinces les plus connues sont : l'*Esthonie.* l'*Ingrie*, la *Carélie*, la *Courlande*, la *Livonie*, la *Volhynie*, la *Podolie*, la *Tauride* comprenant la *Crimée*, la *Bessarabie*, la *Caucasie*, la *Circassie* et l'*Ukhraine.*

Les principales villes sont : *Moscou*, ancienne capitale ; *Arkhangel*, port sur la mer Blanche ; *Riga*, sur le golfe de Livonie ; *Varsovie*, ancienne capitale de la Pologne ; *Pultava*, défaite de Charles XII en 1709 ; *Bender* ; *Odessa*, port sur la Mer Noire ; *Simféropol*, capitale de la Crimée ; *Sébastopol*, célèbre par le siége qu'en ont fait les Anglais et les Français en 1854 et 1855 ; *Nijni-Navogorod*, connue par ses foires ; *Astrahan*, port sur le Volga.

Suède et Norwège; capitale; grandes divisions; villes principales. — La presqu'île Scandinave renferme deux contrées, la *Suède* et la *Norwège*, fort différentes l'une de l'autre pour l'aspect physique, et réunies en un seul état depuis 1815. Elle est bornée : au N. par l'*Océan glacial arctique* ; à l'O. par l'*Océan atlantique*, et la *mer du Nord* ; au S. par la *mer du Nord*, le *Skager-Rach*, le *Cattégat*, et le *Sund* ; à l'E. par la *mer Baltique* et la *Russie*.

La capitale de tout le pays est *Stockholm*.

La Suède est divisée en trois régions, subdivisées en 24 préfectures : le *Nordland*, renfermant une portion de la *Laponie* et de la *Bothnie* ; la *Suède propre* comprenant l'ancienne *Dalécarlie* · la *Gothie*.

La Norwège a deux régions, partagées en 17 bailla-
ges ou préfectures : la *Norwège septentrionale*, où se
trouve la *Laponie Norwégienne*, et la *Norwège méridionale*.

Les villes les plus remarquables, sont:

En Suède, *Upsal*, université renommée ; *Calmar*,
célèbre par l'acte d'union des trois couronnes de Suède, Norwège et Danemark en 1397 ; *Gothembourg*, la
seconde ville du royaume.

En Norwège, *Christiania*, capitale, qui possède une
université importante ; *Drontheim, Bergen*, et *Chris-
tiansand*.

**Danemark ; capitale; grandes divisions;
villes principales**. — Le Danemark est borné :
au N. et au N.-O. par le *Skager-Rack* ; à l'O. par la
mer du Nord ; au S. par l'*Empire d'Allemagne* ; à l'E.
par la *mer Baltique*, le *Sund*, et le *Cattégat*.

Il a pour capitale *Copenhague*, dans l'île de Séeland.

Le Danemark est composé de deux parties distinc-
tes : la presqu'île du *Jutland*, pays humide, froid,
couvert de bruyères et de sables, et rempli de petits
lacs ; l'*Archipel Danois*, renfermant les îles de *Fionie,
Séeland, Laaland, Bornholm*.

Les villes principales sont : *Aalborg, Aarhus* et *Fré-
déricia*, dans le Jutland ; *Odensée*, dans l'île de Fionie ; *Elseneur*, dans l'île de Séeland.

Au Danemark on rattache les îles *Féroe*, au N. de
l'Ecosse ; l'*Islande*, dont la ville la plus remarquable
est *Reikiavik*.

GÉOGRAPHIE HISTORIQUE.

CHAPITRE V

GRÈCE ET ITALIE ANTIQUES.

Mers; golfes; îles ; montagnes ; cours d'eau ; contrées; États et villes célèbres. — Étendue de l'empire Romain en Europe sous les Antonins.

I. GRÈCE (1).

Étendue. Superficie. Bornes. Climat. — La Grèce, autrefois nommée Hellade, est une des trois péninsules qui terminent l'Europe méridionale. Elle a dans sa plus grande longueur, du Nord au Sud, 410 kilomètres, et dans sa plus grande largeur, de l'Est à l'Ouest, 210 kilomètres ; sa surface, y compris les îles, n'est que de 57,511 kilomètres carrés.

Elle est bornée au N. par l'*Illyrie* et la *Macédoine*,

---

1. — Bien que le programme ne le demande pas, nous croyons utile de donner en note la géographie des pays voisins de la Grèce , ce sont : la *Macédoine*, la *Mœsie*, l'*Illyrie* et la *Thrace*.

La Macédoine, située au Nord de la Grèce, avait pour limites à l'époque de Philippe, du côté du Nord, le mont *Orbélus* ; à l'E le mont *Rhodope* ; au S. la *mer Égée* et les monts *Cambuniens*, à l'O. le *Pinde*.

C'est un pays très-accidenté et arrosé par le *Strymon*, l'*Axius* et l'*Haliacmon*.

Quatre grands golfes s'enfoncent dans ses côtes : le golfe *Strymonique*, le golfe *Singitique*, le golfe *Toronaïque*, et le golfe *Thermaïque*.

La Macédoine projette la presqu'île de *Chalcidique*, terminée par les trois pointes de *Pallène*, de *Sithonie* et du *Mont Athos*.

On distinguait plusieurs provinces : l'*Emathie*, la *Mygdonie*, la *Bottiée*, l'*Anthémasie*, la *Piérie*, l'*Elymiotide*, l'*Orestide*, la *Dassaretie*, la *Lyncestide*, la *Pénestie*, etc.

Edesse et *Pella* furent successivement capitales de toute la Macédoine. Les autres villes sont *Méthone, Dion, Pydna, Thessalonique, Potidée, Olynthe* et *Dyrrachium*.

à l'E. par la *Mer Egée*, au Sud par la *Méditerranée*, et à l'Ouest par la *Mer Ionienne*. C'est le plus beau pays du monde connu des anciens : son ciel est pur, son climat est doux, son sol est varié et entrecoupé de vertes campagnes, de sombres forêts et de hautes montagnes.

Montagnes. — Son système de montagnes se détache des Alpes Orientales. Sa principale chaîne, le *Pinde*, descend au Sud et couvre la péninsule Hellénique d'innombrables ramifications. Les principales sont : les monts *Acrocérauniens* ; les monts *Cambuniens*, qui forment au Nord la vallée du Pénée et renferment le sommet de l'*Olympe* ; de l'autre côté du fleuve se trouve le mont *Ossa*. L'issue que se fraye le Pénée entre ces deux montagnes est la vallée de Tempé, chantée par les poëtes. Entre le Pénée et le Sperchius est l'*Othrys*, qui rejoint le *Pelion* ; enfin, au Sud de la *Thessalie*, est le mont *Œta* qui forme le passage célèbre des Thermopyles. Dans la Grèce centrale se projette un inextricable réseau de montagnes : le *Parnasse*, l'*Hélicon*, le *Cithéron*, le *Parnès*, le *Pentéli-*

La Mœsie était comprise entre la *Save* et le *Danube*, au N., les monts *Scardus*, *Orbélus* et *Hæmus* au S., le *Drin septentrional* à l'O , le Pont Euxin à l'E.,son nom signifiait *marécages*, car le Danube y formait de trèsvastes marais. Elle était habitée par les *Mèses*, les *Triballes*, les *Dardanes*, les *Scordisques*, etc. et se divisait en *Mœsie supérieure*. cap. *Sardique*, et *Mœsie inférieure* cap. *Marcianopolis*.

L'Illyrie s'étendait le long de la côte orientale de l'Adriatique ; ses bornes étaient un peu vagues ; on y distinguait l'*Illyrie grecque*, de l'Epire au mont Scardus, réunie par Philippe à la Macédoine, et l'*Illyrie barbare* divisée en *Dalmatie* et *Liburnie*.

La ville la plus remarquable était *Salone*.

La Thrace était située à l'E. de la *Macédoine*, à l'O du *Pont-Euxin*, au S. de l'*Hæmus*, et au N. de l'*Hellespont* et de la *mer Egée*. C'était un pays montagneux, fournissant d'excellents chevaux, mais dans lequel l'agriculture était à peu près nulle. Elle contenait la presqu'île dite *Chersonèse de Thrace*. Son littoral était couvert de villes grecques dont les principales étaient : *Byzance*, *Abdère*, *Amphipolis*, *Sélembrie* et *Périnthe*.

que, l'*Hymette*, et le *Laurium* qui se prolonge jusqu'au Cap Sunium ; cette chaîne envoie encore dans le Péloponèse un puissant rameau dont se détache le *Taygète*.

Cours d'eau. — A cause de la proximité des côtes, la Grèce n'a pas de cours d'eau considérables ; les plus importants sont : le *Pénée*, le *Sperchius*, l'*Asopus*, l'*Eurotas*, l'*Alphée*, l'*Achéloüs*, l'*Achéron*, et l'*Aoüs*. Joignons-y deux ruisseaux célébrés par les poëtes, le *Céphise* et l'*Ilissus*.

Citons encore le lac *Copaïs* ou de *Livadie*.

Presqu'îles. — La Grèce, qui n'est elle même qu'une presqu'île, en projette plusieurs autres : 1º la presqu'île de *Magnésie* ; 2º l'*Attique* ; 3º l'*Argolide* ; 4º le *Péloponèse* réuni au reste de la Gièce par l'isthme de Corinthe, et terminé par trois pointes : la *Messénie*, les caps *Ténare* et *Malée*.

Mers. — La Méditerranée prend différents noms autour de la Grèce : à l'O. c'est la mer *Ionienne*, au S. la mer *de Crète*, au S.-E. la mer *de Myrthos*, à l'E. la mer *Saronique* et la mer *Egée*.

Golfes. — Les rivages de la Grèce sont fort découpés ; on y rencontre beaucoup de golfes, voici les principaux : le golfe d'*Ambracie*, celui de *Corinthe*, appelé aussi *mer des Alcyons*, à l'O.; les golfes de *Messénie* et de *Laconie* au S ; les golfes *Saronique*, *Hermionique*, *Maliaque*, *Pélasgique*, *Thermaïque*, à l'E.

Iles. — De nombreuses îles entourent la Grèce ; ce sont : dans la mer Ionienne, *Corcyre*, *Ithaque*, *Céphalénie*, *Zacinthe*; dans la Méditerranée, *Cythère,* et plus bas l'île de *Crète* ; dans la mer Egée, les *Cyclades*, les *Sporades*, l'*Eubée* séparée du continent par le détroit de l'*Euripe* , *Thasos*, *Samothrace*, *Rhodes*, *Samos*, *Chios*, *Lesbos* et *Lemnos* ; dans la mer Saronique, *Egine*, *Salamine* et *Calaurie*.

Contrées. — La Grèce continentale se divisait en trois grandes contrées : la *Grèce septentrionale*, la *Grèce centrale* ou *Hellade*, la *Grèce méridionale* ou *Péloponèse*.

Etats et villes célèbres. — La Grèce septentrionale renfermait deux états : l'*Epire*, v. p. *Dodone* célèbre par ses chênes prophétiques, et *Ambracie*; la *Thessalie*, v. p. *Phères*, *Larisse*, *Lamia*, et *Pharsale* célèbre par la victoire de César en 44 (av. J.-C.).

La Grèce centrale ou Hellade contenait dix états : les 3 *Locrides* ; la *Béotie*, v. p. *Thèbes*; *Platées*, victoire des Grecs sur les Perses en 479 ; *Leuctres*, victoire d'Epaminondas sur les Spartiates en 37e ; *Orchomène, Thespies, Chéronée*; —la *Phocide*, cap. *Delphes*, célèbre par son temple d'Apollon ; — l'*Attique*, v. p. *Athènes* ; *Marathon*, défaite des Perses en 490 ; *Eleusis* ; — la *Mégaride*, cap. *Mégare* ; — la *Doride*, l'*Etolie* ; et l'*Acarnanie*, v. p. *Actium*.

La Grèce méridionale ou Péloponèse comprenait 8 états : la *Corinthie*, cap. *Corinthe* ; — la *Sicyonie*, cap. *Sicyone* ; — l'*Achaie*, v. p. *Patras* et *Pallène* ; — l'*Elide*, v. p. *Elis* ; *Olympie* et *Pise*, célèbres par leurs jeux ; — le *Messénie*, cap. *Messène* ; — la *Laconie*, cap. *Sparte* ; — l'*Argolide*, v. p. *Argos*, *Mycènes*, *Trézène* et *Épidaure*.

II. ITALIE.

Limites. — L'Italie est une vaste presqu'île bornée au N. et au N.-O. par les *Alpes*, à l'O. par la *mer Tyrrhénienne*, au S. par la *mer Ionienne*, et à l'E. par la *mer Adriatique*.

Mers, golfes, détroits. — Les mers qui avoisinent l'Italie ont été citées précédemment ; elles forment sur les côtes de cette péninsule trois détroits : celui de *Taphros* entre la Corse et la Sardaigne, celui de *Sicile* entre la Sicile et l'Italie, et le canal de l'*Adriatique* entre l'Italie et la Grèce ; plusieurs golfes dont voici les plus remarquables : le golfe de *Ligurie* ou de *Gênes*, celui de *Gaete*, celui de *Naples*, dans la mer Tyrrhénienne ; les golfes de *Squillace* et de *Tarente*, dans la mer Ionienne ; le golfe d'*Urias* et celui de *Tergeste*, dans la mer Adriatique.

Iles. — A l'Italie se rattachent plusieurs îles : la *Corse*, la *Sardaigne*, *Ilva* (Elbe), *Caprée*, les *Iles Eoliennes*; les îles *Égades*, la *Sicile* dans la mer Tyrrhénienne ; *Mélite* (Malte) et *Cossyra* dans la Méditerranée.

Caps. — Les caps sont : le promontoire de *Populonium*, de *Circeium*, de *Misène*, *Minerve*, de *Palinure* sur la mer Tyrrhénienne ; le promontoire de *Lylibée*, celui d'*Ecnome*, celui de *Pachynum*, celui de *Lacinium* et le promontoire *Iapygien*, sur la Méditerranée; le *Garganum*, sur l'Adriatique.

Montagnes. — Le Nord et le Nord-Ouest de l'Italie sont bornés par les *Alpes* qui prennent successivement les noms d'*Alpes Juliennes, Alpes Carniques, Alpes Noriques, Alpes Rhétiques, Alpes Helvétiques* ou *Lépontiennes Alpes Pennines, Alpes Grées, Alpes Cottiennes,* et *Alpes maritimes* De ces montagnes se détachent les *Apennins* qui parcourent la Péninsule dans toute sa longueur et vont mourir partagés en deux rameaux, à l'extrémité du Bruttium et dans le pays des Salentins.

A ces chaînes il faut ajouter trois volcans : le *Vésuve*, près de Naples ; l'*Etna*, en Sicile ; et le *Stromboli* dans les îles Lipari.

Cours d'eau. — La chaîne des Apennins divise l'Italie en deux versants : le *Versant Oriental* et le *Versant Occidental*.

Dans le premier, coulent : l'*Adige* ; le *Pô* ou *Eridan*, qui reçoit à droite la *Trébie* ; à gauche, le *Tessin*, l'*Adda*, l'*Oglio*, et le *Mincio* ; le *Rubicon* et le *Métaure*.

Le second est traversé par l'*Arno*, le *Tibre*, et le *Liris* (Garigliano).

Lacs et marais. — Dans l'Italie septentrionale, on rencontre : le lac *Majeur* (Verbanus), le lac de *Côme* (Larius), le lac d'*Iséo* (Sevinus), le lac de *Garde* (Benacus); dans le reste de la presqu'île, le lac *Régille*, d'*Averne*, de *Lucrin*, de *Pérouse* (Trasimenus), et celui de *Célano* (Fucinus).

A l'exception des marais situés au Sud et au Nord du mont Garganus, le long de l'Adriatique, c'est sur les côtes de la mer Tyrrhénienne que se trouvent surtout les régions marécageuses ; on y trouve les *Marais Pontins,* ceux de *Minturnes*, et de *Marica*.

Régions. — L'Italie était divisée en trois régions : la *Gaule Cisalpine*, l'*Italie centrale* ou *Italie proprement dite*, et l'*Italie méridionale* ou *Grande Grèce*.

Etats ; villes célèbres. — La haute Italie a tiré son nom de Gaule Cisalpine, des Gaulois qui s'y étaient établis. Elle avait deux grandes divisions : 1o la

Gaule Transpadane avec la *Vénétie*, v. p. *Padoue, Crémone Mantoue, Milan*;

2º la *Gaule Cispadane* avec la *Ligurie*, v. p. *Plaisance, Parme, Modène, Gênes*.

La Gaule Cisalpine était habitée par les *Insubriens*, les *Cénomans*, les *Orobiens*, les *Boïens*, les *Lingons*, les *Anamans*, et les *Vénètes*.

L'Italie centrale comprenait :

1º l'*Etrurie*, dont les villes, gouvernées par des rois ou *Lucumons*, formaient une confédération, v. p. *Fésules, Florence, Pérouse, Tarquinies, Clusium, Véies*;

2º le *Latium*, association de plusieurs peuples, tels que les *Latins*, les *Eques*, les *Volsques* ; v p. *Rome, Tibur* (Tivoli), *Tusculum* (Frascati), *Préneste, Gabies, Albe la-Longue* ;

3º La *Sabinie*, v. p. *Cures, Fidènes* ;

4º La *Campanie*, v. p. *Naples, Capoue, Herculanum, Pompéi* ;

5º Le *Samnium*, renfermant les peuplades belliqueuses des *Marses*, des *Péligniens* et des *Maruccins*; v. p. *Bénévent, Caudium, Corfinium* ;

6º La *Picenum*, v. p. *Ancône, Asculum* ;

7º L'*Ombrie*, v. p. *Ariminium*.

L'Italie méridionale, nommée Grande-Grèce à cause des colonies grecques qui couvraient son sol, renfermait quatre contrées :

1º L'*Apulie*, v. p. *Arpi, Lucérie, Cannes* ;

2º La *Messapie* ou *Iapygie*, v. p. *Brindes, Tarente* ;

3º La *Lucanie*, v. p. *Héraclée, Sybaris, Métaponte* ;

4º Le *Bruttium*, v. p. *Rhégium, Crotone, Locres*.

A ces villes ajoutons : *Messana* (Messine), *Catane, Panorme* (Palerme), *Agrigente, Lilybée, Syracuse* en Sicile ; *Caralis* (Cagliari) en Sardaigne.

L'empire romain en Europe sous les Antonins. — Sous les Antonins l'empire romain possédait en Europe les contrées suivantes : la *Bretagne*, sans la Calédonie, la *Gaule*, la *Germanie*, la *Dacie*, la *Thrace*, la *Macédoine*, la *Mœsie*, la *Vindélicie*, la *Rhétie*, le *Norique*, la *Pannonie*, l'*Illyrie*, l'*Achaïe*, l'*Italie* et les îles qui en dépendent, et l'*Espagne* ; ces provinces étaient divisées en *provinces impériales* et *provinces sénatoriales*

APPENDICE

CHAPITRE VI.

Climats ; —constitution géologique du sol ; —Productions.

Climats. — La température d'un pays dépend de trois causes : la *latitude*, l'*altitude* et la *proximité de la mer* ; il n'est donc pas rare que des contrées situées sous une même latitude aient une température inégale. En Europe, par exemple, les régions placées sur le littoral de l'Atlantique jouissent d'un climat bien plus tempéré que les régions centrales ou orientales, et cela à cause du courant dit *Gulf-Stream* qui amène du golfe du Mexique les eaux chaudes des tropiques. On est conduit par là même à distinguer deux sortes de climats : les *climats hyperboréens* et *continentaux*, et les *climats marins*.

Le climat hyperboréen existe dans la partie septentrionale de l'Europe ; la moyenne de sa température extrêmement rigoureuse ne permet aucune culture.

Les climats continentaux se rencontrent dans presque tout l'Est et le centre de l'Europe, par exemple dans la *région Baltique septentrionale*, dans les *plaines de Russie*, dans la *région des steppes*, la *région Polonaise*, celle de la *Basse Allemagne*, celle des *Karpathes* et de la *Bohême*, et dans la *région Danubienne*. Dans ces contrées, il y a généralement une différence de température très-grande entre l'été et l'hiver, et la transition de l'un à l'autre est ordinairement brusque.

Les climats marins se divisent en *climats océaniques* et *climats méditerranéens*.

Les climats océaniques sont d'ordinaire assez doux, exposés aux vents d'Ouest, et à des pluies abondantes pendant l'automne. Ils existent dans quatre régions principales : la *région norwégienne*, la *région britannique*, la *région des Pyrénées*, et celle *des Alpes*.

Les climats méditerranéens ne subissent pas, comme les climats océaniques, l'influence des vents pluvieux ; mais en revanche ils sont soumis aux vents brûlants d'Afrique. Ils comprennent trois régions : l'*Espagne*, l'*Italie* à laquelle on rattache la *Provence* et la *Grèce*.

Constitution géologique du sol. — Cinq sortes principales de terrains ont formé le sol de l'Europe, ce sont : les *terrains primitifs* (1), les *terrains de transition* (2), les *terrains secondaires* (3), les *terrains tertiaires* (4), et les *terrains quaternaires* (5).

Les terrains primitifs se rencontrent à la surface des grandes montagnes d'Europe comme les *Alpes*, les *Karpathes*, le *Quadrilatère de Bohême*, les *Balkans*, le *Caucase* etc.

Les terrains de transition se trouvent surtout en *Grande-Bretagne*, dans les *Ardennes*, dans les *Karpathes*, les *Pyrénées*, la *Corse*, la *Sardaigne*.

Les terrains secondaires existent dans le *bassin de la Seine*, dans le *Jura*, les *Alpes* les *Vosges*, etc.

On rencontre les terrains tertiaires dans le *Caucase*, la *Roumélie*, la *Belgique Occidentale*, dans les *golfes de Seine et d'Aquitaine* qu'ils ont comblés, en *Toscane*, etc.

---

1. — Les terrains primitifs sont composés de roches ignées et éruptives que les eaux de l'Océan ont recouvertes de couches déposées en lits horizontaux. Ce sont les plus anciennement formés.

2. — On les nomme terrains de transition, parce qu'ils marquent le passage des masses sans couches régulières et continues, aux roches stratifiées. Less chistes, les calcaires, les grès y dominent.

3. — Ce sont des terrains formés de calcaire, de grès, d'argile, et renfermant beaucoup de débris d'animaux et de coquilles. Ils correspondent à la seconde période de formation du Globe.

4. — Les terrains tertiaires sont des dépôts marins ou lacustres, la plupart du temps isolés, que les derniers soulèvements ont amenés à la surface de l'Océan. Ils appartiennent à l'époque de la formation des continents.

5. — Les terrains quaternaires sont formés par les alluvions des grands fleuves et les dépôts marins les plus récents.

Enfin les terrains quaternaires ou modernes se trouvent généralement dans les régions basses de l'Europe,
par exemple le *delta du Rhône*, la *vallée du Pô*, le
bassin de la Néva.

Productions. — On peut diviser en quatre clas-
ses les produits de l'Europe : les *productions végétales,*
les *productions minérales*, les *productions animales,*
les *productions industrielles.*

Parmi les productions végétales, au premier rang
il faut placer les *Céréales* (froment, seigle, orge, sar-
rasin, épeautre); les deux pays qui en fournissent le
plus sont la *France* et la *Russie*. Après les céréales
viennent la *pomme de terre*, les *légumes*, la *betterave*,
le *lin*, le *chanvre*, le *tabac*, les *graines oléagineuses*, la
vigne, le *mûrier*, l'*olivier*, l'*oranger*, le *citronnier*, le
pommier, le *poirier*, le *prunier*, le *cerisier*, l'*abrico-
tier*, le *pêcher*, le *noyer*, l'*amandier*, le *noisetier*, le
saule; et les arbres qui peuplent les forêts, tels que le
chêne, l'*orme*, le *peuplier*, le *pin*, le *sapin*, le *bouleau.*

Les productions minérales sont : la *houille*, le *fer,*
le *plomb*, le *cuivre*, l'*étain*, le *zinc*, l'*or*, l'*argent*, le
nickel, l'*arsenic*, le *soufre*, les *pierres de construction,*
les *pierres meulières*, le *marbre*, le *sel marin*, le *sel
gemme*, et les *eaux minérales.*

Les animaux de l'Europe se divisent en deux caté-
gories : les *animaux domestiques* et les *animaux sauvages.*

Les animaux domestiques sont : la *poule*, le *canard,*
le *chien*, le *chat*, le *mouton*, le *bœuf*, le *cheval*, le
porc, les *abeilles*; les animaux sauvages sont : le *loup,*
le *renard*, le *chevreuil*, le *cerf*, le *daim*, le *lièvre*, l'*é-
cureuil*, le *chamois*, le *castor*, etc...

Il faut ajouter l'*aigle*, le *vautour*, le *martin-pêcheur*,
la *cigogne*, le *héron*, le *rossignol*, la *fauvette*, le *pin-
son*, le *chardonneret*, le *serin*, l'*hirondelle*, la *perdrix*,
la *caille*, parmi les oiseaux; la *vipère*, la *couleuvre*,
parmi les reptiles ; le *brochet*, la *carpe*, la *truite*, les
sardines, les *anchois*, la *raie*, les *limandes*, le *turbot*,
la *sole*, parmi les poissons; les *huîtres*, parmi les
mollusques ; les *écrevisses* et les *homards*, parmi les

crustacés ; la *sangsue*, dans les annélides ; enfin un des polypes les plus importants, l'*éponge*.

Les productions industrielles consistent en *horloge-rie, orfèvrerie, meubles, papiers peints , fer ouvrés, ar-mes, quincaillerie, coutellerie, fabrication de machines, carrosserie, sellerie, fourrures* ; étoffes de *soie*, de *lai-ne*, de *coton* ; *draps, mousselines, dentelles, toiles, ve-lours ; pâtes alimentaires , conserves de fruits et de viandes; huiles, vins, eaux-de-vie, bière* et *bimbeloterie.*

TABLE DES MATIÈRES

GÉOGRAPHIE PHYSIQUE.

www.ingramcontent.com/pod-product-compliance
Lightning Source LLC
LaVergne TN
LVHW022148080426
835511LV00008B/1327